課本上學不到的
漫畫中國史

書上正經嚴肅的歷史人物，都在這裡露出了鮮活真面目！

朕說・黃桑　編繪

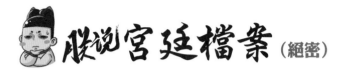# 朕说宫廷檔案（絕密）

黃桑

一個集賤萌與貪吃於一身的皇帝，

日常小聰明，毒舌侃八卦，

資深「肥宅」，卻胸懷整個天下。

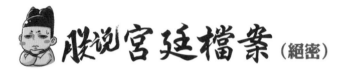

朕說宮廷檔案 （絕密）

小太監

善良可愛，敏感細膩，

照顧黃桑的飲食起居，

是宮裡深得人心的小暖男。

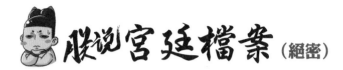

朕説宮廷檔案（絕密）

錦衣衛

宮裡的「顏值擔當」，
身手不凡，冷酷面癱。
原是被派來刺殺黃桑的殺手，
卻被黃桑當場高價收買。

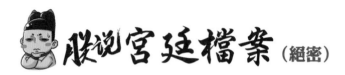

朕說宮廷檔案（絕密）

宮廷寵物：然鵝

一隻永遠都吃不飽的鵝，

處於食物鏈的最底層，

是黃桑的寵物。

雖然一直被黃桑欺負，

卻幻想著有一天能稱霸皇宮。

宮廷寵物：蛋是

一隻可愛的柴犬。

看家護院，宮廷必備。

目錄

一　名人檔案篇

1　紂王真的是一無是處的暴君嗎？　003

2　原來孔子還是一個武學奇才？　017

3　張飛原來是個美男子？　033

4　皇帝亂信成功學有什麼下場？　049

5　朱元璋原來不是「鞋拔臉」？　063

6　古代四大美女竟有三個不存在？　081

二　宮廷百科篇

7　為什麼儒家思想在古代那麼受歡迎？　097

8　「烽火戲諸侯」壓根兒不存在？　111

9　大明開國第一功臣居然死於一隻燒鵝？　125

10　用尚方寶劍能砍死有免死金牌的人嗎？　141

11　古人的終極夢想是成為「衣冠禽獸」？　159

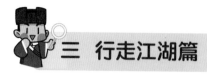

三 行走江湖篇

12 古代戰爭真的要打三百回合？ 175

13 古人打仗時想上廁所怎麼辦？ 189

14 在古代吃牛肉犯法？ 201

15 古人住客棧要冒著生命危險？ 213

四 生活趣聞篇

16 「三妻四妾」其實都是騙人的？ 229

17 古人為什麼以留鬍子為美？ 241

18 古代男子都以「啤酒肚」為榮？ 257

19 原來中國古代根本沒有辣椒？ 271

致謝 283

名人檔案篇

1

紂王真的是
一無是處的暴君嗎？

3000 多年前的某個黃昏，商代誕下了一個王子。貞人掐龜甲一算，王子叫受，他爹姓子，於是大家親切地喊他：

子受有兩個哥哥：大哥微子啟，二哥微仲衍。立長不立賢，按道理，微子啟是下一代商王。

然而

子憑母貴，子受沾了王后媽媽的光，成了嫡長子，大哥就莫名其妙成了庶子。

子受不僅運氣好、顏值高，腦袋也頂呱呱。辯論能力出眾，臂力更驚人，還能徒手打死老虎。

> 帝紂資辨捷疾，聞見甚敏；材力過人，手格猛獸。
>
> ——《史記·殷本紀》
>
> 帝紂長巨姣美，天下之傑也；筋力超勁，百人之敵也。
>
> ——《荀子·非相》

老爸駕崩後，子受 30 歲繼位，按照天干地支取帝名，子受生在辛時，取名帝辛。

但我們只知道他叫商紂王。

從小受《封神榜》影響，我們印象中的紂王不是在酒池肉林和妲己玩水，就是在看臣子被燒烤（炮烙），又蠢又色又自大，跟他少年時一點都不一樣。

然而，他真的是史官筆下十惡不赦的暴君嗎？他有沒有作過有建設性的事呢？

1. 紂王有何罪？

作為一個部落，周要伐商，必須順應天意民意，否則就是謀權篡位。於是，周武王寫了小作文《牧誓》，開牧野之戰的動員大會，列舉了子受的六條大罪：

憑這六條大罪，周人定下了子受的諡號——紂王（紂的意思是：殘暴獨斷，荒淫暴虐。）

不得不說，在中華 400 多個帝王中，這個諡號最壞，還是子受一人獨有。

隨著考古的深入，後人發現子受貌似有點冤枉。

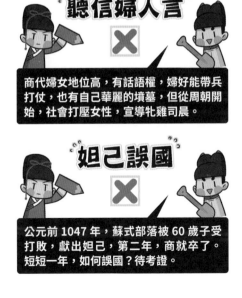

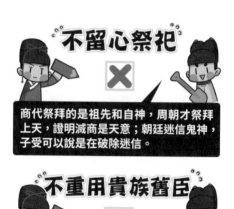

不留心祭祀 ✗

商代祭拜的是祖先和自神，周朝才祭拜上天，證明滅商是天意；朝廷迷信鬼神，子受可以說是在破除迷信。

不重用貴族舊臣 ✗

商朝聯邦制分裂，王權受到威脅，子受與貴族面臨信任危機。

由此看來，要敲定子受是十惡不赦的暴君，這六條罪有點弱。

而周滅商最直接的原因，是子受的爺爺殺害了周文王的父親季曆。當時季曆不斷擴張周國勢力，商王受到威脅，於是殺雞儆猴。

這是在為父報仇啊？這個坑埋得也太深了吧？子受接下「日要落」王朝──商，成了一隻代罪羔羊。

2. 紂王有何用？

　　據西漢《淮南子》記載，子受剛上位時執政能力還是不錯的。當時國家不斷分裂，商代必須走向家天下，才能躲過一劫。不是外人動手，就是自己動手。

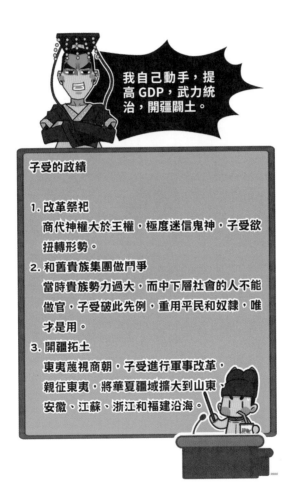

我自己動手，提高 GDP，武力統治，開疆闢土。

子受的政績

1. 改革祭祀
   商代神權大於王權，極度迷信鬼神，子受欲扭轉形勢。
2. 和舊貴族集團做鬥爭
   當時貴族勢力過大，而中下層社會的人不能做官，子受破此先例，重用平民和奴隸，唯才是用。
3. 開疆拓土
   東夷蔑視商朝，子受進行軍事改革，親征東夷，將華夏疆域擴大到山東、安徽、江蘇、浙江和福建沿海。

子受開疆拓土用力過猛，燒錢又耗人力。牧野之戰開打時，子受剛好跟東夷打完，沒兵沒糧，只好放出東夷俘虜拼死一搏。最後，他被周武王砍首。

這場景似曾相識啊。秦朝同樣是放出戰俘抵抗陳勝和六國叛軍，因為其主力一部分在南征百越，一部分在北擊匈奴。

由此看來，雖然子受好色愛喝酒，脾氣暴躁，用酷刑，但還是做了點帝王該做的事，並沒有那麼荒淫無道。

從甲骨文的記載中可以看出，紂王時期的製作、征伐、田獵、祭祀整齊嚴謹，說明紂王治國並不是一攤爛泥。怪不得後來有人為他說話：「其實紂王是個很有本事、能文能武的人。他經營東南，鞏固東夷和中原的統一，在歷史上是有功的。」

中華民族能向南發展，是紂王的功勞。他對東南的經營，使以後中原文化逐漸發展到了東南。

3. 為什麼大家印象中的紂王沒幹過什麼有益的事呢？

紂王暴君的人設是周人給的，讓紂王成為歷代君王的「反面教材」卻是明朝《封神演義》的「功勞」。

相差 2000 多年，我跟你什麼仇什麼怨？為何抹黑寡人？

???

抹黑你，似乎是歷朝歷代的默契。

歷史學家曾寫過《紂惡七十事的發生次第》，他發現商紂王共有 70 條罪狀，是各朝各代陸續加上去的：戰國增加 20 項、西漢增加 21 項、東晉增加 13 項，而且這些罪狀越寫越誇張。

在歷代史學家和官員眼裡，紂王一直是一個很好用的暴君呢。他們把各種不可饒恕的罪名都扣在紂王頭上，拿來規勸君王以史為鏡。

在作家眼裡，紂王符合「爽文」標準。如果周武王是天下第一仁君，那他打敗的一定是暴君，不然怎麼以天意服人？

所以，作家們發揮想像力，混著野史添油加醋，紂王變得越來越十惡不赦。900 多年後，司馬遷在找資料寫《史記》時，商紂王的罪行已是不可勝數。

《呂氏春秋》還說過，紂王和哥哥微子啟是同父同母的兄弟。生哥哥時，媽媽是妾，生紂王時，才升為王后，所以紂王才成了嫡長子。

我一直都是長子！長子！同爹不同媽！呂不韋還我清白！

當時又沒有挖掘機、洛陽鏟、數據庫，怎麼考古呢？

只有《論語》看破了這一切。紂王沒有傳說的那麼壞，因為君子憎恨處在劣勢的人，所以把天下所有壞名聲都歸到他身上。

> 紂之不善，不如是之甚也。是以君子惡居下流，天下之惡皆歸焉。
>
> ——《論語》

我們現在已經很難知道紂王的真面目，剩下的只能交給考古學。唯一確定的是他失敗了，成王敗寇，輸了得認。

咱們能做的就是——

買一個好的放大鏡，不放過
歷史上的任何蛛絲馬跡。

彩蛋！

紂王當時重用平民和奴隸，讓他們免於被屠殺和祭祀，其中有兩父子：飛廉和惡來。兒子惡來在牧野之戰殉國，父親飛廉則隱居奄國，三年後帶領族人參與三監之亂，讓周朝動盪，最後被周公旦滅國。

800 多年後，飛廉的子孫裡誕生了一位名叫嬴政的孩子，親手結束了東周，完成了華夏統一大業，建立起一個統一的多民族的中央集權的封建國家——秦朝。

歷史的緣分，妙不可言。

說到孔子，大家腦海中首先浮現的形象可能是這樣的。

但有人說，孔子其實可能是這樣的。

那麼孔子到底是個文弱書生，還是個肌肉男呢？

雖然孔子以老師的身分出道，但能證明孔子是肌肉男的證據還真不少。

證據 1：基因強大

古人不知道什麼是遺傳基因，但也知道「龍生龍鳳生鳳，老鼠的兒子會打洞」這個道理。

而孔子的老爸叔梁紇可不是什麼普通人。

在《左傳》裡，叔梁紇是魯國有名的猛將，天生神力，勇武過人。

有一次，晉國聯合魯國等 13 個國家一起去攻打偪陽國。偪陽國雖然小，但是挺有骨氣，憑藉天然的地理優勢和 13 國聯軍打得有來有回。偪陽國還引誘魯國軍隊進城，然後突然放下閘門，擋住魯軍的退路，打算來個甕中捉鱉。

眼看魯軍中計，即將全軍覆滅。情急之下，叔梁紇竟然憑藉一己之力扛住閘門，為魯軍爭取時間，讓他們安全撤回。

可見，孔子他爸身高體壯，天生神力。孔子很可能繼承了他爸的身體素質，一開始就贏在了起跑線上。

證據 2：古代「姚明」

出來混，都要先起個響噹噹的外號，例如有一把漂亮鬍子的關羽叫「美髯公」；打扮像個行者的叫「行者武松」。這些外號朗朗上口，一聽就能讓人聯想到其主人的模樣。

事實證明，孔子還真沒辜負他爸的優良基因。在以老師的身分出道前，孔子也有個江湖外號——「長人」。至於為什麼有這個外號，很簡單——

孔子長九尺有六寸，人皆謂之「長人」而異之。

——《史記·孔子世家》

按照漢代的標準，孔子的身高可以達到驚人的 220 公分，跟 226 公分的姚明差不多，放今天去打 NBA 也毫無違和感。

　　即使用相對保守的周制（魯國的長度標準），孔子也至少有 189 公分。考慮到當時人的平均身高不到 170 公分，孔子站在人群中完全是鶴立雞群。難怪《荀子・非相》也說：「仲尼長，子弓短。」

　　除了個子高，孔子的長相歷來也有很大爭議，就算不提「天庭飽滿」「頭頂凹陷」（開篇的畫其實也有點往這個方向靠）這種明顯失真的占卜聖人相。

什麼，你不知道什麼是聖人相？
後面朱元璋那篇會帶大家學習。

孔子也可能長得並不慈眉善目，他的徒孫荀子是這樣說的：
「仲尼之狀，面如蒙倛（くー）。」

「蒙倛」是古時候臘月驅逐疫鬼或者出喪時用的神像，字典
上面的描述是：「臉方而醜，髮多而亂，形兇惡。」

證據 3：愛好射箭

孔子喜歡射箭，認為射箭是君子必修的一課，還把射箭列入「君
子六藝」。

而且孔子的射箭技術很好，《禮記・射義》裡記載，「孔子
射於矍相之圃，蓋觀者如堵牆」。

意思是說，孔子射箭時，會有一大批狂熱粉絲來圍觀。

孔子會射箭我早就知道了啊，那又怎麼了。

你真的知道嗎？

你以為射箭的人是這樣的。

但實際上射箭的人是這樣的。

俗話說，強弓硬弩，要知道射箭是個力氣活。

歷代的計量單位經常變動，就拿清代來舉例好了。

　　清代評判弓力的單位是「力」，1 力是 9 斤 4 兩（一說 9 斤14 兩）。一般弓的拉力在 5-7 力之間，也就是說在 47-66 斤之間。

　　對於一個沒有經過訓練的成人來說，想要拉開弓都不是一件容易的事，更別提射箭或者殺敵了。

　　清代的弓箭技術比起春秋時期進步了很多，春秋的弓應該普遍更輕，但是也不會太輕，否則就失去實戰意義了。

　　很多人覺得步兵是力量型的，而弓兵是敏捷型的，其實恰恰相反。步兵隨便找個人就能上，弓兵才是更強壯的精銳部隊，況且敵人近身後弓兵也會轉為近戰。

　　所以弓箭高手孔子的身體素質起碼是過得去的。

證據 4：天生神力

前面說孔子的身體素質起碼過得去，這麼說可能小看了他。據古籍記載，孔子的身體素質簡直就像超人一樣。

做人最重要的就是低調，難道我天生神力也要告訴你嗎？

> 孔子之勁，舉（招）國門之關，而不肯以力聞。
>
> ——《呂氏春秋》

對於這段話，漢朝人高誘是這樣解釋的：「招，舉也，以一手招城門關，端而舉之。」

城門的門閂又長又重，如果用單手托著中間部分舉起來，推測不少人能做到。

但如果是用手抓著一端，硬把門閂舉平（端而舉之），那難度就上升了不止一個等級。

唐朝的武舉考試中有一項「翹關」，要拿著長木棍的一頭把它舉起來，據說就是受了孔子事蹟的啟發。

孔子的能耐還不止於此，《淮南子》記載：「孔子之通，智過於萇弘，勇服於孟賁，足躡郊菟，力招城關，能亦多矣。然

而勇力不聞，技巧不知，專行教道，以成素王，事亦鮮矣。」

孟賁是戰國時期的武士，據說力大無窮，有一次見到兩頭牛打架，竟然硬生生拉開了它們。而孔子的力量跟他是同一級別，更驚人的是，孔子跑步也很快，可以跟兔子相提並論。

一般來說，力氣與肌肉橫截面積成正比，換句話就是：力氣大等於肌肉大。既然孔子力氣這麼大，那他就很可能是個肌肉男。

所以，孔子不僅高而且壯，渾身肌肉，射箭、駕車、跑步樣樣精通，是一位全能的運動健將。難怪有人感嘆：明明是體壇幾百年一遇的奇才，最後居然跑去當老師了！

雖然上面說得很有道理，但還是有反對意見。關於孔子的身高，就有人認為先秦的典籍裡根本沒有孔子高得異常的記載。

但是到了東漢時期，講怪力亂神的《緯書》突然把孔子當成霸氣總裁的化身亂吹了一通，其中就包括孔子的奇特相貌以及他的身高。

司馬遷雖然沒有把「霸氣總裁」這種一看就不對勁的內容收錄進《史記》，但身高「九尺六寸」的部分倒是悄悄地收了進去。

而一些關於孔子力氣大的記載，有人認為是跟他爸的事蹟搞混了。

清朝人畢沅在看《呂氏春秋》的時候就說，「此殆即孔子之父事也……非孔子也」，他認為史書把孔子他爸的事蹟錯放在了孔子頭上。

將來報導出現了偏差，
你們可是要負責任的。

　　總之，孔子是不是真的高似姚明，力能扛鼎，爭議還是很大的，大家可以自行辨別。

　　不過從遺傳角度和射箭高手這些方面來看，硬要從文弱書生和肌肉猛男這兩個極端之間挑一個的話，孔子應該還是更偏向於猛男。

3 張飛原來是個美男子？

一提起張飛，大家都會習慣性地想到：黝黑臉龐、絡腮鬍、高大魁梧、兇神惡煞。

燕人張翼德在此

然而還有另一種說法：張飛其實是個美男子，還擅長畫畫、書法。

一邊是黑漢子，一邊是美男子，這個反差實在有點大。

那麼張飛究竟是個莽漢子，還是個美男子呢？

說張飛是個美男子，原因主要有以下兩個。

1. 愛畫畫，會寫字

明代文人卓爾昌在《畫髓玄詮》裡點名表揚：「張飛……喜畫美人，善草書。」

不僅如此，據說張飛在打敗張郃後，一時性起，還用手中長矛刻了個碑，叫《立馬銘》。

嘖嘖嘖，這字還是可以的。

上面寫著「漢將軍飛，率精卒萬人，大破賊首張郃於八濛，立馬勒銘」，記錄自己打敗張郃的功績。而在歷史上，張飛確實打敗了張郃，這是他的重要戰績之一。

我不僅要打你，我還要刻在石碑上。

2. 兩個女兒都嫁給了劉禪

張飛的兩個女兒都嫁給了劉禪，先後成了皇后。長女當了 15 年皇后，死後第二年，劉禪就立了張飛的次女為皇后。

可想而知，張飛這兩個女兒有多漂亮！要是張飛長得很粗獷，兩個女兒能有這待遇？

這兩個理由看起來很合理，但是深究起來沒一個站得住腳。

（1）張飛的書畫沒有被同時代的人提過，而且直到明初為止的各種著作裡，都沒有提到張飛的書畫。

《三國志》裡提到蜀國算得上會書畫的人只有一個 —— 諸葛瞻。

張飛人氣一直很高，如果真的有書畫作品，肯定會被翻出來討論。

看似有圖有真相的《立馬銘》也是漏洞多多。作為一個紀功碑，《立馬銘》在內容方面明顯不及格。

對比三國魏晉的同時代作品，《立馬銘》缺了很多內容。首先，時間沒寫。打完仗起碼記個時間留念一下吧？前面加個「某年某月」是紀功碑的一貫寫法，《立馬銘》上沒有時間就很不合常理。

其次，官職也沒有。就像孫悟空整天把「齊天大聖」掛在嘴邊一樣，大家在寫紀功碑的時候，都是把自己的外號一股腦兒往上掛的。

碑上只寫了個「漢將軍」，這個也很不合常理。全文只有短短 22 個字，也沒什麼文采可言。

對於一個紀功碑來說只能這樣形容：寒酸，非常寒酸。

有人可能會問：說不定是張飛突然謙虛一下，行不行？抱歉，不行。這個東西刻出來就是給別人看的，純粹為了炫耀，想謙虛還刻什麼碑？

　　其次，明中葉以前，《立馬銘》在各種金石著作中完全缺席，而且字體被鑒定為更接近於明清時的隸書，基本可以認定是後人偽造。而且最後，稍微想一想，就會覺得很奇怪。

　　就算張飛神力驚人，就算他的武器削鐵如泥，就算他的書法造詣很高，用武器即興刻出來個書法碑是什麼操作？比起書法，不是應該先誇耀一下張飛的雕刻技術嗎？

（2）張飛的兩個女兒都嫁給了劉禪，也並不代表她們就很好看。因為，世界上有一種東西叫「政治聯姻」。

例如，劉禪娶了張飛的女兒，諸葛亮的兒子諸葛瞻娶了劉禪的女兒（也就是蜀國公主），諸葛亮的孫女嫁給了關羽的孫子關統。

蜀國內部結合緊密，吳國和魏國也差不多。婚姻在一定程度上是拉攏關係、平衡勢力的手段，長什麼樣子根本不重要。

我跟你三叔講好了，明天封他女兒為皇后吧。

退一步講，就算女兒好看，也不代表老爸好看。

學過國高中生物就知道，DNA父母一人出一半，更不要說什麼隱性基因和基因突變了。

總之，女兒好不好看跟父親長什麼樣沒有必然聯繫。

那張飛怎麼被說成了美男子呢？

真要算起來，始作俑者是明朝的文人楊慎。

他在《丹鉛總錄》裡寫：「涪陵有張飛刁斗銘。其文字甚工，飛所書也。」

這個在杜撰方面早就有過前科，因為他很好強，說不過別人就自己杜撰，欺負別人沒看過那些書。

> 負氣求勝，每說有窒礙，輒造古書以實。

本來文人杜撰也沒什麼，壞就壞在這個楊慎不是一般文人，人家可是「明代三大才子」之一啊！這樣的知識分子怎麼可能會說錯呢？於是場面一下子就控制不住了。

同是明代的曹學佺在《蜀中名勝記》裡說：張飛不只有《刁斗銘》，在八濛山下還有個《立馬銘》呢！

明朝的文人為了不落後於潮流，紛紛跳出來，說某幅字畫其實是張飛的的作品，誇張飛的字是多麼好看。

場面一度十分失控。

總之，張飛從此變得儒雅化，只是這個形象實在是不如張飛的漢子形象深入人心。

　所以儒雅版張飛只在文人中流傳，民間還是比較流行那個莽莽撞撞的張飛。

　直到現代，大家又重新把這件事翻了出來，加上豐富的想像力，才讓張飛變成了會寫詩畫畫的美男子。

美男子不可信，那黑漢子就是對的嗎？也不一定。事實上，追溯到最早，勉勉強強能和張飛相貌沾上邊的也只有李商隱的《驕兒詩》：「或謔張飛鬍，或笑鄧艾吃。」

這個「鬍」有爭議，有人說是魯莽，有人說是絡腮鬍，有人說是大下巴。

反正鄧艾口吃和張飛「鬍」相對應，推測不是什麼好話。

不過話說回來，李商隱是晚唐人，和張飛隔了好幾百年。鑒於他跟我們一樣，也沒什麼史書可以參考，所以這個「鬍」的形象說不定也是民間再創作出來的。

張飛實際長什麼樣，史書上還真沒寫。《三國志》裡並沒有提到張飛的相貌，其他人倒是有寫。

例如，諸葛亮「身高八尺」，周瑜「長壯有姿貌」，可見長得高長得帥是會被記錄下來的。

粗人形象也會被記載。例如，典韋「形貌魁梧」，許褚「長八尺餘，腰大十圍，容貌雄毅」等。

　　而張飛的長相沒有被記載，說明他可能長得並沒有那麼粗獷，應該也不是美男子。

　　不負責任地猜測，張飛可能就是個普通「大叔」。

4 皇帝亂信成功學有什麼下場？

1000 多年前，在那個南北方互相瞧不起的時代，唐高祖李淵的表弟小英出生了。

小英不但從小聰明長得帥，還是個超級能寫詩的「文科生」。他能討爸媽歡心，還體貼他人。

有一次，小英在圍獵時下起了傾盆大雨，侍衛立即遞上油布衣。

小英堅持不穿，因為看到將士們都渾身濕透，他不好意思獨善其身，將士百姓知道後都很感動。

因此，爸媽都很寵小英。

13 歲時，送他去今山西河北地區當長官，還給他相親討了個南方老婆。

20 歲時，讓他帶 51 萬兵打南方的陳王朝。打贏後，小英斬貪官、封錢庫，不奪百姓錢財，成了江南紅人。

自此，小英立下目標：既然崇拜秦皇漢武，那就要成為他們！
對了，他後來改名為——楊廣。

然而

49 歲時，他被最信任的臣子勒死在皇位前，孫子命諡號為隋明帝，卻被表哥李淵改為隋煬帝。「煬」聽著好聽，意思可一點都不好。

好傢伙，「煬」字還是楊廣賜給陳叔寶的，我說這命運吶～

哼，千古一帝的群沒進去就算了，怎麼還跟紂王、胡亥組成了千古暴君團？

翻過課本都知道，京杭大運河的「大包工」是隋煬帝。當大家在利用大運河發財脫貧時，也在糾結：

楊廣能想到修一條造福千年的運河，真的只是一個一無是處的暴君嗎？

那麼，就讓我們來一探究竟吧。

一、有何罪之時間管理者 —— 隋煬帝

西元 604 年，楊廣上位，看了帝王成功學《史記》。為了向偶像秦始皇看齊，取年號為「大業」，發誓要幹出一番大事業。然後他四處出差，在位 15 年，只在長安宮裡待了 4 年不到。

管理大師時間

時間表

604 年：上位。吏制改革，廢冗官；
恢復學校，建立科舉制。

605 年：京杭大運河工程一期之開通
濟渠。建糧倉屯糧。爬過祁
連山去張掖進行外交。

608 年：京杭大運河工程一期之開永濟
渠。實行均田制，打擊豪強兼
併，減租，提高兵役年齡。

610 年：出差江都。實行佛儒道三教
並行。

612 年：第一次出征遼東。

613 年：第二次出征遼東。

616 年：出差江都。

618 年：卒。

學得有模有樣，學會了
秦始皇的拚命樣。

看起來楊廣也做了很多有益的事，但在 15 年後，趁著農民起義，表哥李淵帶領著瓦崗軍一起討伐隋煬帝。按照慣例，要寫一篇檄文，證明自己是合法繼位，於是就有了下面這些。

楊廣十大罪狀
弑父篡位、荒淫亂倫
荒廢政事、營建宮殿
苛捐雜稅、巡幸無度、窮兵黷武
拒諫戮忠、賣官鬻爵、背信棄義

從此，隋煬帝背上了千古暴君、昏君、淫君的三合一罵名。至於修京杭大運河，也被歸結為荒廢政事、巡幸無度、苛捐雜稅。

不可否認，為了政績，隋煬帝勞民傷財，致使民不聊生，這是治國大忌。

但他的罪名有沒有被誇大呢？

對於修大運河，大家認定楊廣的動機是吃喝玩樂加炫富。

《資治通鑒》用了 200 多字控訴他的大運河之旅有多奢侈，以龍舟為例，足足高 45 尺、長 200 丈，有 120 間金玉裝飾的房，需要 8 萬縴夫才能拉得動，簡直是移動的宮殿。

後人發現，《資治通鑒》的記載是以《大業雜記》為原本的。

《大業雜記》裡的船長 200 尺，有 160 間房。200 尺相當於 60 多公尺，不算上走廊，整個船隻有大約 900 平方公尺。160 間房，平均面積只有約 5.6 平方公尺，似乎不夠奢侈。

另外，當時楊廣南下的專用水道瘦西湖只有八、九公尺寬。龍舟要在水面上行動自如，寬度最多六、七公尺，《資治通鑒》裡寫到的船似乎並不能通行。

看來，數學是史官們的弱項。

再說回動機，據黃仁宇研究，其實，楊廣修大運河也算是在繼承父親遺志。

西元 587 年，隋文帝楊堅為了征服江南土地、貫通南北，開鑿了大運河體系裡的淮河和長江。

開鑿結果不太好，滿足不了軍事需求，而楊廣拿下了接力棒。

這孝順小孩，修河也不是一意孤行嘛。

對當時修大運河的百萬勞工來說，每天累得要死要活，卻一點好處都沒有。但在幾十年後，唐朝人民開始體驗到大運河賺錢的便利，GDP 火速暴漲。

二、隋煬帝為何被評價為一無是處的暴君

大多數人瞭解隋朝主要是透過野史和小說，藉著隋煬帝三次出差江都，各種臆想人設。正好傳播能力最強的也是這些野史和小說，畢竟「爽文」吃遍天下。

於是，《封神榜》裡的紂王和《隋唐演義》裡的楊廣成了我們小時候的惡夢。

長大後，我們開始看正史，瞭解了隋煬帝的更多「事蹟」。

唐朝江山是從隋煬帝手裡奪來的，再加上玄武門兵變，所以到了李世民這一代，皇權的合法性尤其重要。

魏徵給李世民開了條新路 ── 以史為鑒，特別是以隋為鑒，楊廣的錯事千萬不能再犯。這才有了修改過的《隋書》。

所以，我是李世民的負面教材囉。

出於給統治階級借鑒的動機，楊廣是歷代皇帝的負面教材工具人。因此，《隋書》等正史的可靠性會有所降低，誇張成分增加，有醜化楊廣的嫌疑。

關於隋煬帝遷都的原因，宋朝《資治通鑒》認為是迷信的楊廣聽信了術士之言和民間流傳的蠱惑之語：風水不好，不遷都會滅國。唐朝《隋書》卻認為他是為了完成父親南北統一的遺願。

我有隋之始，便欲創茲懷、洛，日復一日，越暨於今。念茲在茲，興言感哽！朕肅膺寶曆，篡臨萬邦，遵而不失，心奉先志。

——《隋書》

章仇太翼言於帝曰：陛下木命，雍州為破木之衝，不可久居。又讖云：『脩治洛陽還晉家。』帝深以為然！

——《資治通鑑》

　　另外專家發現：為了突出隋煬帝的惡，司馬光刪除了《隋書》《北史》中隋煬帝的正面資料多達十幾處，例如：政治經濟改革；還增加了有疑點的負面資料，例如：弒父和大運河的奢靡生活。

　　目前隋煬帝收到最多的評價是「弊在當代，利在千秋」，當然，更多人認為他是一無是處的暴君。

功與過的天秤將向哪邊傾斜，目前還沒有定論。

2014 年，有開發商在揚州挖地，正好挖到了隋煬帝的墓。而這開發商，正好叫楊勇。

5

朱元璋原來
不是「鞋拔臉」?

一提到朱元璋，絕大部分人的第一印象都是——醜。

鞋拔臉、下巴突破天際是最大的特徵。

中國歷史上推測也沒有別的皇帝能醜得令人如此印象深刻了。

可以說，這張「鞋拔臉」已經深入人心。

但也一直流傳著另一個版本，是圓臉的朱元璋。

　　兩種相貌可以說是天差地別，這已經不是美化可以解釋的了，簡直就是兩個不同的人。

那麼，究竟哪一個才是真的呢？

流言終結者

為了搞清楚這個問題，我們要先搞清楚另外一個問題，那就是——

皇帝的畫像究竟可不可信？

唐朝以及更早的帝王圖，包括秦皇漢武，很多出於《歷代帝王圖》，例如漢武帝和魏文帝。

左邊是漢武帝劉徹，右邊是魏文帝曹丕。

據學者考證，有一部分是唐人畫的，有一部分是宋人補充的。

這些帝王圖都是後人根據史書記載，加上自己的想像畫出來的，藝術成就很高，但真實性基本上沒有保證。

不過，還好 19 世紀初有人發明了照相機。雖然調整光線和位置可以讓人更好看（或者更難看），但當時還沒有美顏相機，總體而言還是比較能反映真實相貌的。

她就是大名鼎鼎的慈禧太后。

可以看出，大致形象是很吻合的。臉型、相貌、氣質，甚至連左右眼形不對稱都還原了。

不知道慈禧對於現在的美顏相機會有什麼想法？

從宋朝開始，宮廷畫師開始有能力表達相貌細節，這類肖像畫也開始保存下來。

宮廷畫師肯定在細節上有所美化，但大致上的樣貌和神韻還是能抓住的。

所以總體來說：1. 宋代以後的皇帝畫像比較可信；2. 宮廷畫師的畫比較可信。

接下來要對朱元璋的兩張畫像進行分析了。

證據1：圓臉那張才是內府藏品

明人張瀚在《松窗夢語》裡記錄了他看到的畫像：

> 余為南司空，入武英殿，得瞻二祖英容。太祖之容，眉秀目炬，筆直唇長，面如滿月，鬚不盈尺，與民間所傳奇異之像大不類。

無獨有偶，明人張萱在《疑耀》裡也記錄了他看到的畫像：

> 始得內府所藏高成二祖御容，高皇帝乃美丈夫也⋯⋯無所謂龍形虬髯十二黑子也。

很明顯，朱元璋的相貌是分宮內、民間兩個版本的。民間的版本就是那個「鞋拔臉」，而宮內的版本則是圓臉。

張瀚他們看到的藏在宮內的畫像，毫無疑問就是宮廷畫師畫的。

上面也說過，宮廷畫師畫出來的比較可信。畢竟，如果朱元璋真的是「鞋拔臉」，畫師卻畫個完全不像的圓臉，他的下場就可能會是這樣——

證據 2：「鞋拔臉」不是宮廷畫師畫的

雖說圓臉是宮廷畫師畫的，那有沒有可能「鞋拔臉」也是宮廷畫師畫的？

再來回顧一下這張圖。

這張圖裡，朱元璋頭上的帽子有塊白色的東西叫帽正，是清朝的典型打扮。明代初期還沒有這樣的潮流，所以應該是清朝人根據前人的描述，再創作出來的。

我就是隨便畫畫，怎麼當真了呢？

畫家

揮筆

順便一提，有人說這是清朝要抹黑明朝，這是不正確的。

因為早在明朝前中期，朱元璋是「鞋拔臉」這件事，在民間就已經達成了共識。

證據 3：遺傳

要看朱元璋長得醜不醜，還有一個方法：看他的後代長什麼樣。這是他的兒子朱棣——

雖然有點黑，但臉型不是「鞋拔臉」，而是大圓臉。

這是他的孫子朱高熾──

臉型跟他爹朱棣差不多，一樣是大圓臉。

朱元璋的兒子、孫子都是圓臉雙下巴，而不是長臉凸下巴。當然，也可以說是朱棣基因突變，或者朱元璋妃子的基因比較強大，直接改良了後代基因。

不過，如果朱元璋本來就是圓臉，那就更容易解釋了。

看，一看就是親生的。

雖然「鞋拔臉」看起來很奇特，但實際上也沒那麼稀奇。

關於有記載的皇帝奇特相貌，最早可以追溯到漢高祖劉邦。

《史記‧高祖本紀》裡說：

> 高祖為人，隆准而龍顏，美鬚髯，左股有七十二黑子。

這是較早出現的關於龍顏和黑痣的說法。

至於龍顏是個什麼顏？不好說，總不會是圓臉、方臉、瓜子臉。

至於劉邦是不是真長這樣，也不好說，但至少民間是挺樂意接受的。

不光是劉邦，隋文帝楊堅也沒長一副「人」樣。

《隋書》裡說他：

> 為人龍頷，額上有五柱入頂，目光外射，有文在手曰王，
> 長上短下，沉沉嚴重。

也就是說，楊堅的下巴很長很突出，額頭上有五個凸點，眼神電光逼人，掌上有個「王」字的手紋，上半身長、下半身短。

如果真畫出來，大概是下面這樣。

上述皇帝們，包括朱元璋在內，相貌看似奇特，實際上非常有規律。

仔細觀察可以發現，有以下兩個異象反覆出現。

龍形是什麼？找條龍看看就知道了。

左邊是明朝前中期龍袍上的圖案

凸額頭、凸眼睛、凸下巴，這就是所謂的龍形。

龍形加上黑痣，就是民眾心目中的帝王相（之一）。

大家可以對比一下朱元璋和龍的特徵。

朱元璋的樣子最早發生變化是在官方記錄裡，幕後黑手就是朱棣。

朱棣篡位後，對開國歷史進行大量的造神手法，洪武年間的奇人異事突然多了很多，關於朱元璋的神跡更是層出不窮，包括那奇特的相貌。

例如，《明太祖實錄》裡寫道：

上夢人以璧置於項，既而項肉隱起，微痛，疑其疾也。以藥敷之，無驗，後遂成骨，隆然甚異。

朱棣利用相術原理，重新構建了朱元璋的樣子。

當然，神化朱元璋的目的也只是為了讓自己順利篡位。偏偏民眾很吃這一套，大家一下子全信了。因為大多數古人都相信，可以利用面相來判斷命運。

於是，朱元璋的樣子被民間人士多次創作，越傳越開，也越來越符合人們對於帝王的想像。

所謂的奇特相貌，其實只是古人一直在玩的套路，而且早就被玩爛了。

說到底，朱元璋那奇異的長相，只不過是在官方的帶領下、一場民間的自娛自樂罷了。

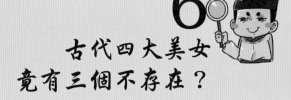

古代四大美女
竟有三個不存在？

中國古代四大美女相信大家都很熟悉了——西施、王昭君、貂蟬、楊玉環。據說，這四位有沉魚落雁、閉月羞花的樣貌。

但今天要告訴大家「四大美女」究竟有多麼不可靠。

春秋戰國時期，吳王夫差將越國給打趴了，越王勾踐決定表

面服從、暗地裡臥薪嘗膽，準備報仇，還把西施送給了夫差。

夫差一見西施，就被她的美貌迷得神魂顛倒，整天沉迷女色無法自拔，最後吳國被越國給滅了。

不過這也不能怪夫差，畢竟據說人家西施在河邊浣紗的時候，河裡的魚兒看到她的倩影，被美得紛紛忘記游泳，沉到了河底。於是「沉魚」的外號逐漸傳了出去。

按照上面的說法，西施對越國來說可謂功不可沒。不過很可惜，有人懷疑根本沒有西施這個人。

首先，《史記》裡根本沒有寫西施，《左傳》和《國語》裡也沒有找到有關西施的記載。

會不會是沒記下來啊？那不可能。因為《國語》裡記錄了勾踐用美女賄賂吳國大臣伯嚭：「越人飾美女八人，納之太宰嚭。」連大臣都有記錄，反而吳王沒有，那這吳王也太沒面子了。

到了東漢的《越絕書》，西施才第一次出現。

不過，這本書更像是作者收編的民間故事，所以更合理的說法應該是——根本沒有美女被送到夫差面前。

我的西施呢？我那麼大一個西施呢？

西施甚至可能根本不是一個人！

《莊子》說：「毛嬙、麗姬，人之所美也。」

麗姬是西方來的，她的美麗天下聞名。所謂的「西施」可能就是西邊來的一個美女，後面就代指美女了。

> 譬之是猶以人之情為欲富貴而不欲貨也，好美而惡西施也。
>
> ——《荀子》

有點像今天的正妹、型男，逐漸變成美女帥哥形容詞。

其實古代史官老愛推個美女出來，很多古人早就看得很清楚了。唐朝詩人羅隱就曾經寫過一首《西施》：

家國興亡自有時，吳人何苦怨西施。
西施若解傾吳國，越國亡來又是誰？

簡單總結就是一句話——

貂蟬大家都很熟了，就是用美人計讓呂布和董卓兩位猛男心甘情願為她打起來的那位。

傳說中，貂蟬也是美得不行。有一次，她在後花園拜月，忽然清風吹來一塊雲，把月亮遮住了。於是她的養父王允到處跟別人說：貂蟬實在是太漂亮了，在她面前連皎潔的月亮都羞於露面。

不過很可惜，貂蟬可能也根本不存在！

　　首先，《三國志》裡根本沒有貂蟬的身影。唯一勉強能沾邊的，只有《後漢書・呂布傳》裡的記載：「卓又使布守中閣，而私與傅婢情通。」

　　這裡前後文大概說的是：董卓和呂布有摩擦，呂布又跟董卓的貼身婢女私通。

這裡稍微提一下，貼身婢女這詞說得好聽，其實男主人有她整個人的所有權。董卓也不是啥正人君子，侍寢什麼的當然也會讓貼身婢女來，呂布跟她私通也就等於給董卓戴了頂大綠帽。

呂布完事之後冷靜下來，智商又回來了。他很不安，去找王允商量，王允就叫他造反。

從上面可以看到：

1. 婢女沒有名字。

2. 婢女是董卓的，不是王允的。

3. 王允建議呂布刺殺董卓，但跟那個婢女無關。

再回想一下最開始的設定：貂蟬是王允的養女，自甘獻身參與連環計，成功完成刺殺董卓這個目標。

雖然兩者在某些情節上有點相似，但整體來說實在差得很遠。

王昭君的故事是這樣的：王昭君出身平凡，本身長得國色天香，但因為在選秀時沒有賄賂宮廷畫師，畫師就故意把她畫醜。

後來匈奴人想要和親，王昭君主動請求出塞。

結果皇上一看，怎麼宮裡還有這種絕世美女？後悔了，想把她留下。但後悔也沒用，因為已經答應了別人不能反悔。

現在就是後悔，非常後悔。

據說王昭君出塞的時候內心悲傷，忍不住撥動琴弦，彈奏起悲壯的離別之曲。

天上的大雁聽到琴聲，不禁看向她，全都呆得忘記搧動翅膀，掉到地上。這就是傳說中的「昭君出塞」，也是「落雁」的由來。

這個故事到底是不是真的呢？

首先，關於王昭君最基本的記載出自《漢書》和《後漢書》。最早在《漢書》裡只有簡單的幾句：

> 賜單于待詔掖庭王嬙字昭君為閼氏。
>
> 元帝以後宮良家子王牆字昭君賜單于。

可以看出，這裡根本沒提王昭君是否自願去和親，也沒提她長得多好看。

添油加醋的是《後漢書》：

> ……帝召五女以示之。昭君豐容靚飾，光明漢宮，顧景裴回，竦動左右。帝見大驚，意欲留之。

簡單翻譯一下，漢元帝本來想找五個人送去和親，但看到了王昭君太漂亮，於是他就反悔了。這段記載挺不合理的，連皇上心裡想什麼都寫出來了，就像司馬遷老愛描寫刺客的心裡想法一樣。

　　而且「帝敕以宮女五人賜之」，也就是說，王昭君並不是一個人去的，起碼有四個宮女陪著。

　　可以看出，王昭君的故事在細節上不斷被翻新，同時也走偏，與最開始的記載有出入。

　　王昭君的故事是添油加醋出來的，那後世文人寫的昭君出塞呢？

　　其實，與其說他們是寫王昭君，倒不如說是寫自己懷才不遇。自己就像是那天下無雙的美人，奈何皇上不賞識，後面皇帝一見我，後悔莫及，然而這時我已經要走人了。是不是聽起來很「有感覺」？

理想：

戰神回家，發現五歲女兒住狗窩！
一聲令下，十萬華夏退役將士奔來。

當然更強的是：即使皇帝不賞識我，我還主動請纓去為國為民，真的是太偉大了。

只可惜，現實是殘酷的，這些大多只是文人自己的一廂情願。

現實：

戰神回家，發現五歲女兒住狗窩！
一聲令下，十萬華夏退役將士奔來，
給戰神也修了個狗窩。

四大美人中，有三個可能根本不存在，連楊貴妃也有人在爭論：她到底是豐滿還是肥胖？

　　歷代關於這四位美女的傳說越傳越多，各種同人作品也層出不窮。看來從古到今，美女始終是大家喜聞樂見的話題，可能人的天性總是嚮往美好的東西吧。

宮廷百科篇

7 為什麼儒家思想在古代那麼受歡迎？

課本裡常常出現統治者用儒家思想統治人民，那麼問題來了：

在講這個問題之前，有必要說說儒家的政治主張是什麼。

下面開始！

在春秋時期，有很多人到處旅遊，想把自己的政治學說「推銷」出去。孔子也是這樣一名「推銷員」，他的核心思想是「仁」。「仁」是幾乎所有美好道德的集合。

為了達到「仁」，需要「禮」，也就是禮樂制度和行為規範，來調和各階層的關係和激發人的善心。

雖然孔子提倡用「仁」和「禮」來達到「德治」，但是沒有國家願意理他。而且孔子的話不能說是政治學說，基本內容還是屬於道德倫理範疇。

孔子到最後也沒能將自己「推銷」出去。他的弟子們將老師的話語記錄下來，編成了《論語》，連同孔子之前留下的六經，

成為儒家的「鎮派」之寶。

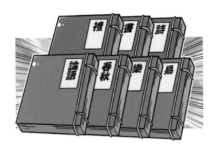

　　「武功祕笈」在這裡了，但由於創始人孔子說得含含糊糊，不成體系，弟子們吵來吵去，誰也說服不了誰，大家就開始自由發揮了。

　　很快就出現了兩個大師，繼承並發展了孔子的儒學。他們分別是孟子和荀子。

孟子繼承了孔子的思想，提出了「仁政」，於是儒家開始有比較完整的政治學說了。

孟子理想的畫面大概就是：民眾好好聽天子的話，天子也要體恤一下民眾，不要過度壓榨，搞得不可持續發展。總之，就是強調以德服人。

荀子與孟子剛好相反，壓根兒不相信「性本善」，覺得要靠「禮」和「法」約束人，最終才可能達到「仁」的境界。

所以荀子表面上宣傳「仁」，實際上軟的靠禮、硬的靠法，強調禮法並重。

簡單來說是這樣的：

所以也不要覺得奇怪：為什麼荀子作為一個儒家大佬會教出李斯和韓非這樣的法家代表，這只能證明他們真的有好好上課。

我也不是謙虛，我一個儒家的，
沒想到培養出兩個法家的弟子。

到了漢代，又有一個高手出現——董仲舒。

他以儒家思想為「湯底」，以法家、道家、陰陽家為「輔料」，還把什麼天人感應、五行學說通通往裡放。一頓「猛煮」之後，神學化的儒學「新鮮出鍋」，一下子變得新潮又時髦。

董仲舒強調王權神授以及道德的神聖性，簡單來說就是一個中心思想：人在做，天在看，天的使者是皇上。他的理論深受統治者好評，於是儒家一下子被捧到正統地位。

隨後的各朝代儘管有佛教和道教的衝擊，儒家甚至一度式微，卻始終維持著正統的地位。

到了宋朝，局面大抵穩定下來，儒家這邊的高手又開始積極出招了。

他們就是程顥、程頤和朱熹。

北宋二程和南宋朱熹，他們吸收了佛道兩家的理論，又推出了一個新概念：「理」。

理是產生世界萬物的精神的東西，所以天理被認為是最高的、絕對的存在。

天理人情、傷天害理、天理難容、逆理違天瞭解一下？

還有陸九淵和王陽明的心學，但整體的政治影響比較小，這裡就不說了。

可以看到，儒家的政治主張一直在滾動式轉變，但是也有不變的東西，那就是強調道德倫理規範。

有了上面的鋪墊，接下來終於可以開始講儒學為什麼能成為中國古代的正統思想了。

沒錯，就是人多。人多就意味著兩件事：吃得多、生得多。

底層民眾常年掙扎在溫飽線上，為了生存下去，有且只有唯一的選擇——種田。

在古代，種田其實是一種很先進的生產方式，比放牧什麼的效率高多了。

每逢農業有增長，人口也會增長得更快，一下子就把增長的糧食都吃光了，底層民眾還是常年掙扎在溫飽線上，所以大家必須採取這兩種生活方式。

被田地綁在原地這個大家都懂；而且古代疾病和戰亂頻繁，大家族才是抵禦風險的最佳形式。

這時，讓家庭充滿愛與秩序的儒家思想看起來就很有誘惑力。換句話說，儒家是最適合這樣的生活方式的。

人民群眾都很精明，管你什麼「家」，好用才是硬道理。

例如墨家強調人人平等，大家要互愛互助，在亂世的時候大受歡迎，因為群體的力量比個人強多了。但穩定下來後，大家以家庭為單位各自耕地，就沒人提墨家了。

由於古人一直在溫飽線上下徘徊，種田才是硬道理，有沒有飯吃是造不造反的重要指標，所以吃飽才是最高原則。

長期下來，能提供穩定種田思想環境的只有儒家。

一切都是圍繞這一點展開的。例如三綱五常說「夫為妻綱」，妻子要完全聽丈夫的話。但有人就不明白了：

有道理嗎？完全沒有。

只是女性的體力勞動能力不如男性，所以要將女性束縛在家裡，打理好家庭的同時進行手工生產，讓男性專心種田，實現產出的最大化。

　　公平嗎？一點也不公平，但勝在一個穩定高效。畢竟大家追求的是：

所以在體力勞動重要性下降的現代社會，女性的崛起是必然的。

　　在工業革命出現之前，種田是最先進的生產方式，穩定持續地種田能實現最高的生產效率。

　　所以在農業社會中，穩定就是最高效的。

為了好好吃飯，大家都乖乖耕地了。

皇上也很開心，這意味著國家稅收會更多更穩定。而且儒家強調等級秩序，也不用老怕大家想造反了。

儒家有經久不衰的普世價值觀，也有禁錮人性的枷鎖成分在。不過這些都不是重點，儒家思想盛行說穿了就只是因為它最符合中國農耕社會的需要。

它不是最公平的，但確實是最穩定高效的。

早就說過生產力決定生產關係，經濟基礎決定上層建築，你以為我在唬你嗎？

馬克思

8

「烽火戲諸侯」
壓根兒不存在？

「烽火戲諸侯」，又一個人民群眾耳熟能詳的亡國案例。它意味著西周的結束、東周的開始。

但如果朕說其實根本沒有「烽火戲諸侯」這回事呢？

這件事記錄在司馬遷的《史記》裡，讓我們先來溫習一下。

話說西周的周幽王娶了一個美女叫褒姒，人長得非常漂亮，卻走的是高冷「御姐風」，從來不笑。

於是，有個叫虢（ㄍㄨㄛˊ）石父的奸臣給周幽王獻計說：

於是，周幽王叫人點起了烽火。諸侯們一看，趕緊帶著人馬過來集合。

褒姒在城牆上看見下面大軍一片真心地跑來，發現現場一片祥和後傻眼的樣子，終於忍不住笑了出來。

後來周幽王又點了幾次烽火來逗褒姒笑，搞得諸侯們都不相信他了。

為了討褒姒歡心，周幽王還把原本申國皇后的太子廢了，改立褒姒的兒子為太子。

這個皇后是隔壁申侯的女兒，申國一看周幽王這麼不給面子，就聯合犬戎攻打他。這一次可沒諸侯肯過來幫忙了。

後來，申侯和其他諸侯又立了個周平王，於是西周結束，東周開始。

這就是「烽火戲諸侯」的故事。

雖然這個故事眾所皆知，但是稍微想一想就會發現：「烽火戲諸侯」是件很古怪的事情。我們不妨加入點常識和歷史背景，還原一下「烽火戲諸侯」的全過程。

按照劇本，周幽王和褒姒就位後，要先點燃烽火。

OK，假設諸侯們個個都是千里眼，沒有長城傳遞也能看到烽火，然後就到了出兵環節。

那麼問題來了——

糧食、馬匹、士兵……要籌備這些，花上一兩個月是很正常的事情，有的諸侯還隔了幾百里路，光是走過去就要好幾天。

而且每個諸侯國遠近不一，大家不可能一下子就集合完畢。推測是隔幾天來一個，再隔幾天又來一個。

如果褒姒苦等了一個多月還能笑出來，恐怕就不是笑點高，而是笑點奇特了。

從常識來說，「烽火戲諸侯」這種玩法很難操作，所以從古到今一直有人對此抱有懷疑的態度。

沒有的事，你重複一遍，就等於你也有責任，懂吧？

雖然《史記》裡明明白白寫著「烽火戲諸侯」的故事，

但是

更早的史書裡可不是這樣說的。

例如戰國後期的《呂氏春秋》：

裡面就沒有「烽火戲諸侯」，倒是有個「打鼓戲諸侯」，基本情節差不多，只不過烽火變成了打鼓。

不管是打鼓還是點燃烽火，好歹都是在「戲諸侯」。

但更早一點的《左傳》和《竹書紀年》，卻完全沒有提到「戲諸侯」這件事。

這個非常不正常，畢竟這麼重大的事，如果發生了，再怎麼樣也得提一下吧？

不過沒有其他更詳細的記載，「烽火戲諸侯」背後的故事也就不得而知了。

正當大家這麼想的時候，新的記載居然真的就出現了。

2012 年，中國清華大學整理了一批戰國竹簡，簡稱《清華簡》。

裡面記載的東西非常多，其中恰好有周幽王的相關記載，還是大家都沒有見過的全新版本。

> 周幽王取妻於西申，生平王，王或（又）取褒人之女，是褒姒，生伯盤。褒姒嬖於王，王與伯盤逐平王，平王走西申。
>
> ——清華簡《系年》

也就是說，周幽王先娶了個申國的老婆，生了個兒子叫宜臼（未來的周平王），又娶了個褒國的老婆（褒姒），生了個兒子叫伯盤。

周幽王不喜歡宜臼，於是和伯盤聯手把他趕回了外公家——申國。

　而且也不是申國先動手的，是周幽王先打了申國，誰知道申國聯合西戎，反而殺了周幽王和伯盤。

> 幽王起師，回（圍）平王於西申，申人弗畀，曾（繒）人乃降西戎，以攻幽王，幽王及伯盤乃滅，周乃亡。邦君、諸正乃立幽王之弟余臣於虢，是攜惠王。
>
> ——清華簡《系年》

　這邊周幽王一死，那邊申侯和魯侯立馬立了宜臼為周平王。虢國那邊也不落後，立了周幽王的弟弟為周攜王。

但兩個君王並存的局面沒有維持多久，晉國的晉文侯不知道怎麼想的，在虢國殺掉了周攜王。於是周平王正式上台了。

立廿又一年，晉文侯仇乃殺惠王於虢。周亡王九年，邦君諸侯焉始不朝於周，晉文侯乃逆平王於鄂，立之於京師。

——清華簡《系年》

經過了國人暴動等事件，又被犬戎騷擾，周朝元氣大傷，逐漸失去威信，被附近逐漸壯大的諸侯勢力所箝制。申國還透過聯姻，想要進一步控制周朝。

周幽王不甘受控制，不僅將申國的勢力（老婆和兒子宜臼）趕走，還想揍申國一頓。

誰知申國也是夠囂張，一方面直接立了宜臼當皇帝，另一方面找了西戎當幫手，反過來推翻了周幽王。滅了周朝後，申國做的第一件事就是扶持新的政治傀儡，也就是周平王。

但其他諸侯也是這麼想的，就又立了一個周攜王。

嘖嘖嘖，怎麼突然變成了政治大亂鬥？

然後不知道經過怎樣的險惡鬥爭後，晉國加入了申國這一派，幹掉了周攜王，扶持周平王上位。

不管是周平王還是周攜王，都只是諸侯間利益鬥爭的傀儡。

不過上述權力的鬥爭也只是其中一種猜想，真相到底如何，目前還在爭論中。

單就「烽火戲諸侯」這件事而言，基本已經可以確定了 ——假的。

9
大明開國第一功臣
居然死於一隻燒鵝？

　　前文和大家探討了朱元璋到底是圓臉還是「鞋拔臉」，這裡再和大家聊聊他和大臣的關係。

　　大家都知道朱元璋殺了不少大臣，如胡惟庸、李善長、藍玉等，有人說大明的開國第一功臣徐達也是被他殺死的，而且兇器是一隻燒鵝。

聽說我用一隻燒鵝搞定了徐達？

　　傳說這個燒鵝殺人事件是這樣的：

話說朱元璋開國，離不開第一功臣——徐達。朱元璋第一大競爭對手陳友諒是徐達打敗的，第二大競爭對手張士誠是徐達幹掉的，最大的死對頭元朝也是徐達滅的。徐達工作表現優異，兩人又是從小玩到大的，感情實在好得不得了。

　　但是這樣的「蜜月期」並沒有一直持續下去。朱元璋上位後，為了鞏固王權，把以前的功臣一個接一個地處理掉。

　　徐達也怕呀，說不定哪天就輪到自己了，他憂慮得不得了，甚至生起病來，背上長了個大瘡。

朱元璋知道徐達生病了，專門派人來慰問，還特地讓人送了一隻燒鵝（一說蒸鵝）。

徐達一看就知道自己完蛋了，因為大家都知道得這個病最忌吃鵝肉，一吃鵝肉很快就會病發身亡。

朱元璋明知故送，擺明是要自己自盡啊。

皇帝要自己死，自己能逃去哪裡？徐達只好吃下了那隻鵝。果然，過了不久，他就病發身亡了。

這個說法廣為流傳，甚至一些文章也會引用這個故事。那麼，朱元璋是不是真的用一隻鵝殺死了徐達呢？

這種看似離奇的案件，實際上只要三個核心問題就能理清。

1 朱元璋有沒有送鵝（或者其他東西）？

2 徐達怎麼死的？

3 朱元璋的行為和徐達的死能不能關聯上？

1. 證言

明朝中期的徐禎卿出了本野史，叫《翦勝野聞》。

> 徐魏國公達病疽，疾甚，帝數往視之，大集醫徒治療。
> 且久，病少差，帝忽賜膳，魏公對使者流涕而食之，密令
> 醫工逃逸。未幾，告薨。

這個版本是說，朱元璋假惺惺去探病。

不久後忽然又賞賜了食物，徐達當著使者的面流淚吃完鵝，很快就死了。

清朝《廿二史劄記》轉述了這個故事，還加上了這句話：

> 賜以蒸鵝，疽最忌鵝。

這就是朱元璋用鵝殺徐達的由來，此後更是被各種演繹。

實際上，在官方記錄裡，朱元璋根本沒有送過鵝。《明實錄》裡並沒有朱元璋送鵝、徐達吃鵝的橋段，《明史》也一樣。

（徐達）患背疽，病篤，遂卒。

只是說徐達患了背疽，後來病重死了，並沒有朱元璋賜食的記載，更沒有提到鵝。

2. 作案動機和作案手法

雖然正史記載對朱元璋有利，但最原始的史料一定程度上是在皇帝控制之內的，會不會是朱元璋或者後人不讓人記載這件事呢？

畢竟，前面列舉的那些受害者好歹有個謀反的罪名，要是讓別人知道「老闆」沒事殺功臣來玩，那大家都不想幹了。

所以我們還要從別的地方入手。

每個連環殺手都有自己獨特的作案手法，朱元璋身為一個殺人狂也不例外。大家都知道，朱元璋很喜歡殺功臣，特別是有權的那種。

而且殺功臣時，朱元璋有自己的習慣，那就是——

滿門抄斬！

沒有亂說，來看看幾位典型受害者。

胡惟庸

全家被殺，牽連被殺的人多達三萬。

李善長

全家七十多口人被殺。

藍玉

被抄家，牽連被殺了一萬多人。

可見，朱元璋對他想殺的人通常都會趕盡殺絕。

而徐達的家人並沒有遭到迫害，他的兒子還繼承了他「魏國公」的職位。

不符合犯罪嫌疑人的一貫作法。

3. 死亡方式：背疽

正史和野史都講得很明白，徐達是因為背疽死的。那麼問題來了：背疽真的會死人嗎？

事實上，這個「背疽」在歷史上露面次數還挺多，而且真的很致命。

死在它手上的歷史人物還真不少。

秦末項羽的謀士范增，在鴻門宴上拚命要項羽殺掉劉邦的那位，就是死於背疽；唐朝的孟浩然，寫「春眠不覺曉」的那個，也是死於背疽；南宋名將宗澤，就是打金人很厲害又慧眼看中了岳飛的那個，還是死於背疽。

那麼這個「背疽」又是什麼病呢？

根據古籍上的描述，用現代醫學的眼光來看，應該是背部急性化膿蜂窩性組織炎。

本來，只要割開讓膿液流出來，再用抗生素殺殺菌就治好了，根本算不上什麼事。

在古代，醫療手段落後，衣服也比今天粗糙得多，背部就免不了頻繁摩擦。這容易導致一件事——

躺著時背部也會被摩擦到，再加上衛生條件差，就很容易感染細菌，進而引起敗血症，這在古代肯定是絕症。

4. 殺人兇器：鵝

既然證明了生背疽會死人，那麼鵝是不是真的能殺人呢？

從現代醫學的角度來看，吃鵝吃死這種說法完全沒有科學依據。相反地，鵝肉富含蛋白質和維生素，多吃還能補充營養。

《本草綱目》：「鵝，氣味俱厚，發風發瘡，莫此為甚。」

《日華子本草》：「蒼鵝，發瘡膿。」

有些醫書認為，鵝肉是「發」的，吃鵝肉會讓瘡更嚴重。

不過大家應該也知道，《本草綱目》裡有些東西可能是李時珍道聽塗說的（畢竟連大便、童子尿之類都有，你認真就輸了）。

專給《本草綱目》挑毛病的《本草求真》裡面就有講：

> 鵝肉，按書有言味甘性平，有言味辛性涼，有言氣味俱厚而毒，有言服則解熱解毒，有言服則發風發瘡發毒，持論不同，臆見各一。

也就是說，中醫界各說各話，有的覺得可以，有的覺得不行，並沒有達成共識。

由於背疽的死亡率還挺高，古人還出了本權威書籍，叫《集驗背疽方》。

裡面有講到背疽患者的禁忌：

> 作勞叫怒，嗜欲，飲食如乾溼面、炙、淹藏、冷酒、生冷、
> 滯膩、魚、羊併不可食。性熱者發熱、冷者損脾、腎，毒
> 者發病，皆當戒之。

除了不能生氣、不能有性生活之外，冷熱、滯膩都不能吃。
這個範圍就很大了，鵝肉被納進去也不足為奇。

只是看下去就能發現，這本書也有點一言難盡。

> 病者之房，深戒有腋氣人並有孕婦人、月經人入房。合藥
> 亦忌此等人見之，又忌雞、犬、貓兒見之。

孕婦和來月經的人不能進病房還可以理解，可能是古代人覺
得陰陽相沖。

但腋下臭的人也不准來是為什麼？怕燻到病人？而且病人喝
的藥還不能被雞、狗、貓看見，不然就無效了，這又是哪裡來
的說法？

　　總之，古人對背疽的認識程度大概就是這個水準。沒有什麼證據和案例能顯示，鵝肉真能吃死背疽患者。

這裡要分清楚。

鵝肉殺不了背疽患者，但古人相信能啊！

但如果朱元璋真的送了鵝，大家就都知道他們撕破臉皮了。

朱元璋如果想偷偷幹掉徐達，應該會用更隱祕的方法；要是真的想撕破臉皮，更加不用送鵝了，大家也不是不知道朱元璋有多彪悍，找個藉口抓起來殺掉就是了。

用不著欲蓋彌彰地送一隻沒啥用的鵝。

從證言到殺人手法，從死亡方式到兇器，都不能證明是朱元璋殺了徐達。

基本上可以看出，徐達真的是患了背疽，自己死掉的，和朱元璋沒什麼關係。

朱元璋確實殺了很多功臣，於是大家順便把徐達的死也算在了他頭上，可見朱元璋的殘暴形象已經深入民心了。

就這方面而言，也不能說朱元璋完全沒有責任。

背鍋俠從來不會辯解，
也不會問鍋沉不沉，

他們只會默默背上，
然後繼續前行。
——朕首己戲的

10 用尚方寶劍能砍死有免死金牌的人嗎？

在古裝劇裡，有兩大神器人人都想要 —— 一是「上斬昏君，下斬奸臣」的尚方寶劍，二是「一牌在手，誰都敢惹」的免死金牌。

它們的存在就像是皇家版的「矛」和「盾」。

那麼問題來了 ——

持有尚方寶劍的人能殺死持有免死金牌的人嗎？

首先，我們得搞明白一個關鍵問題——

1. 尚方寶劍

　　一看名字就知道，尚方寶劍的誕生場所必然是尚方，而尚方早在秦漢時期就已經存在，它相當於古代皇家御用製造廠。

　　所以，從尚方出品的劍自打出生，就已經和別的劍有了階級之分，是完全的劍中上品。

能在皇家製造廠打工的仔，自然不會是凡夫俗子。例如，改進造紙術的蔡倫，就在那裡造過劍。

> 中常侍蔡倫加位尚方令，永和九年，監作祕劍及諸器械，
> 莫不精工堅密，為後世法。
>
> ——《後漢書·蔡倫傳》

最早的尚方寶劍叫「尚方斬馬劍」，馬都能斬，可見是真的很鋒利。

就很厲害

但這把劍是如何從平平無奇的名牌劍成為奸臣最怕的奪命劍呢？

那還得從趙飛燕她老公說起。

我就這麼不出名嗎？只配叫趙飛燕她老公嗎？

啪！

趙飛燕 她老公

漢成帝劉驁

啊不然呢，你信不信要不是朕標注，他們連你名字都不會讀。

趙飛燕的老公——一個不靠譜的皇帝。

不僅沉迷美色，還亂用貪官，把當過自己老師的大貪官任命為丞相。

這令人窒息的操作氣得大臣朱雲站出來當場求劍。

臣願賜尚方斬馬劍，斷佞臣一人以厲其餘。

——《漢書·朱雲傳》

「我這邊剛任命，你這邊就要殺人，這完全不給面子啊！」氣得皇帝當場就想把朱雲拿下砍了。奈何朱雲力氣大，抱著柱子不撒手，結果——

最後多虧朱雲的好朋友官高（左將軍）人好（磕到頭出血），為朱雲求情，才保住了他一命。

這事過後，裝修隊準備來換那根被朱雲折斷的柱子時，皇帝說了下面這番話。

算了，留著吧，怪厲害的，用它來表彰直言敢諫的臣子。

> 上曰：「勿易！因而輯之，以旌直臣。」
>
> ——《漢書·朱雲傳》

由此，從西漢時期起，尚方寶劍就開始有斬奸臣的意味了。

那時候，尚方寶劍最大的作用還是用來賞賜。

前吳漢北發兵時，大王遺寵以所服劍。

——《後漢書·彭寵傳》

不過，也有大臣因為被賜劍次數太多，直接拒絕了皇帝想再給一把的想法。

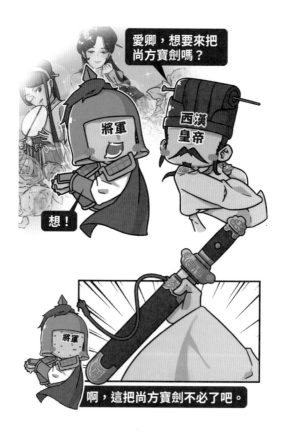

先帝賜臣劍凡六，不敢奉詔。

——《漢書》

一直到了北宋時期，尚方寶劍才被真正賦予了斬奸臣的作用。

主要原因是北宋剛建立，社會不穩定，趙匡胤本人也忙得不可開交，就用賜劍的方式給出征的將軍一定的權力，以免因為要請示皇上而貽誤戰機。

> 本朝之制，大將每出討，皆給御劍自隨，有犯令者，聽其專殺。
>
> ——《武經總要》

這種權力也不是無限制的，只有副將以下的官員犯錯，手持尚方寶劍的將領才可以先斬後奏。

> 十萬大軍由卿一人節制。凡副將以下不聽命者，可先斬後奏。
>
> ——《武經總要》

到了明朝，尚方寶劍的使用權就分得更明晰了。

① 不能越級

巡撫和總兵這些大官是不能被斬的，頂多撤職。

② 不能越界

手持尚方寶劍的人只能在自己的管轄區內殺人，不能管別人家的頭上。

> 巡撫不用命，立解其兵柄，簡一監司代之；總兵不用命，立奪其帥印，簡一副將代之；監司、副將以下，悉以尚方劍從事。
>
> ——《明史·楊嗣昌傳》

如果隨便斬人，你也會被皇帝砍了。

而且，即便是在明朝，尚方寶劍也基本用在出征時，打完仗回來就沒用了。也就是說，這劍是有使用期限的。

到了清朝，皇帝們喜歡把權力掌握在自己手裡，尚方寶劍就沒啥出場鏡頭了。

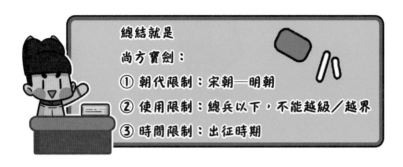

2. 免死金牌

很遺憾，歷史上並沒有免死金牌。

古代版免死金牌叫「丹書鐵券」，它既不是金子做的，也不是塊牌子，而是一塊鐵板。

你認為的免死金牌：金光閃閃

實際上的免死金牌：鐵板一塊

　　這鐵券最早的發明者是劉邦，主要用來獎勵開國功臣，人手一塊。儀式感還弄得很足，先確認獎勵內容，再認真用朱砂寫在鐵板上，然後裝進金盒子裡，最後放進祖廟。

　　大張旗鼓搞了這麼一大堆，偏偏沒有免死這個功能。

　　畢竟，韓信被殺了，蕭何也被關進大牢差點死在裡面。

　　別看這鐵券發出去百來份，也就只有五個功臣的後代順利承

襲了爵位，其他人不是被殺就是被奪爵。所以在漢朝，丹書鐵券也就相當於一張獎狀。

就很沒意思。

丹書鐵券要有免死功能，還得等到南北朝時期。

在某次戰役中，宇文泰被部下李穆救了一命，一直念念不忘這救命之恩。

等他當上大官，連皇帝都是自己傀儡的時候，他立馬給李穆送了一張附贈十次免死機會的「真・帶免死功能・有用・鐵券」。

寶貝，拿去用，不夠我再給你加。

宇文泰　李穆

> 賜以鐵券，恕其十死。
>
> ——《隋書・李穆傳》

在那個人人把腦袋掛褲腰帶的混亂的南北朝時期，一看鐵券還能有這功能，大臣們開始瘋狂向皇帝求券。

就這麼到了唐朝，發券變得越來越普遍，鐵券不僅由原本的朱砂字變成金字，免死的次數也越來越多，甚至把後代的免死機會也給包了。

> 卿恕九死，子孫三死，或犯常刑，有司不得加責。
>
> ——《全唐文》

你們也懂的，皇帝的嘴，騙人的鬼。

唐朝發了百來張丹書鐵券，可其中有 1/4 左右的人經歷了非自然死亡。

到了明朝，朱元璋尋思：大臣想要就給，沒顯出這鐵券的珍貴性。於是對發「獎狀」有了如下明確規定。

發送對象	僅限於立有軍功，被封為公、侯、伯爵的勳臣
鐵券等級	公爵二等、侯爵三等、伯爵二等
鐵券大小	最大：高34cm，寬55cm
	最小：高21cm，寬41cm

而且，為了防止盜版，鐵券還一式兩份，一份放獲獎者家裡，一份放宮裡。等到用的時候，兩個放一起驗真假，通過驗證才能有效使用。

然而

搞得這麼正經八百，朱元璋的開國功臣們啥下場，大家也都很清楚。

不是有免死功能嗎？朱元璋出爾反爾不怕別人笑他不講信用嗎？

機智的朱元璋早在發鐵券前就已經想好了。

在朱式鐵券中都有這樣一句話──

除謀逆不宥，其餘若犯死罪，爾免二死，子免一死。

這下想殺人就很簡單了，只需要把你判定為謀逆就行。

懂了，現代那些坑人錢的優惠券都是從朱元璋那裡得到的靈感。

所以，從老朱手裡拿到丹書鐵券，四捨五入就是拿到死亡預告書。

開國功臣李善長從老朱那拿到「催死金牌」時，就決定當場跑路。

然而

李善長最終還是以彎彎繞繞的謀反罪被殺了。

所以說，丹書鐵券有沒有用，還是皇帝說了算。

也正是因為老朱的「神」操作，之後這丹書鐵券就沒人敢要了，到了清朝，也就沒這玩意兒了。

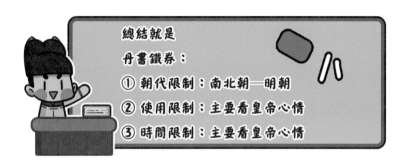

總結就是

丹書鐵券：

① 朝代限制：南北朝—明朝

② 使用限制：主要看皇帝心情

③ 時間限制：主要看皇帝心情

說了這麼多，尚方寶劍究竟能不能斬免死金牌，大家應該已經有定論了。

那就是──

丹書鐵券就那麼丁點大，只要尚方寶劍想砍，還是能砍死的，主要就看砍死後皇帝的心情，從而決定砍死了別人的你會不會接著死。

11
古人的終極夢想是成為「衣冠禽獸」？

如果在明朝，你問一個孩子長大後希望成為什麼樣的人，那收穫的答案也許是四個字——「衣冠禽獸」！

「衣冠禽獸」這個詞，在現代無疑是一個貶義詞，在古代怎麼就成了百萬平民之夢了？

這還得從朱元璋說起。

老朱上位之後，穿上了真龍天子的必備裝備——

龍袍

剛開始還喜孜孜，後面越穿就越覺得不得勁。

終於，在不停的思考中，老朱發現了問題所在。

在《獅子王》中，百獸之王上位時都有其他動物圍觀，那場景異常尊貴。

否則，就一隻狒狒舉隻小獅子，舉得再高也沒什麼意義，還是要有人圍觀。

朱元璋上朝就有這種感覺，只有自己的衣服上一龍獨秀，沒有別的小動物來瞻仰對比，明顯不夠氣派。

於是朱元璋決定，在官員的衣服上也繡上小動物。這樣，開會的時候就有百獸來朝見老大的感覺了。

不能全身衣服都繡，畢竟，這樣會搶了自己的風頭。

於是，他決定先在一塊布上繡上動物，再縫在官服前後，那塊東西就叫補子，簡稱「補」。

所以，官員的衣服就叫「補服」。

現在，新的問題來了——

普通雞明顯夠不上檯面，搞得上朝跟上菜市場一樣，但有「人間小鳳凰」之稱的紅腹錦雞還是可以的。

不過，錦雞再美也還是得排在仙鶴之後，誰叫仙鶴長壽又有神仙撐腰呢？

除了這兩位早在國鳥競選中針鋒相對的選手，朱元璋還在飛

禽裡選出了另外 7 位佳麗，代表文官的不同官品。從下圖中我們可以看出，老朱的挑選標準只有一個——看臉。

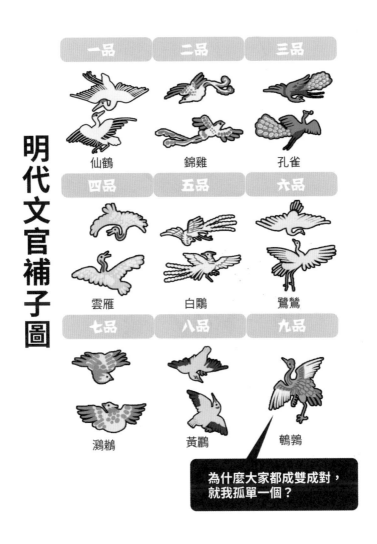

明代文官補子圖

一品　二品　三品
仙鶴　錦雞　孔雀

四品　五品　六品
雲雁　白鷴　鷺鷥

七品　八品　九品
鸂鶒　黃鸝　鵪鶉

為什麼大家都成雙成對，就我孤單一個？

既然文官用了飛禽，武官自然就對應用走獸。

所以，老朱在走獸裡也選出了 6 位選手。

武官補服

一、二品：獅子

三、四品：虎豹

五　　品：熊

六、七品：彪

八　　品：犀牛

九　　品：海馬

　　雖然武術生沒藝術生那麼愛自拍，畫像留存不足。

　　但從僅有的圖中我們也不難看出，老朱選走獸的標準就是——力量。

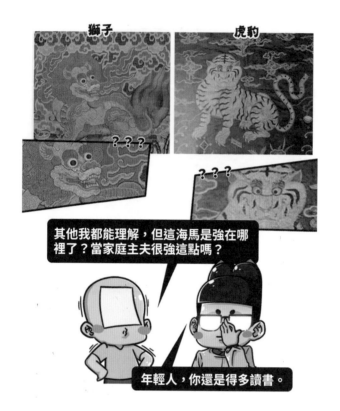

中國古代的海馬最早記錄於《山海經》：「北海內有獸，其狀如馬，名曰駒駼（ㄊㄠˊ ㄊㄨˊ）。」

在北海且長得像馬，所以叫牠一聲「海馬」，這不過分吧。

就很無語

宋朝的《夷堅志》也有記載：「月夜有海獸，狀如馬。」

紀錄裡說這海馬誤闖了海邊漁村，被村民當作怪物殺了，結果第二天，海水暴漲，淹死了全村的人。要比慘還是村民慘，但也從故事證明了這海馬還是挺強的。

其實單從髮量看，你應該也能體會到牠的強大。

安排妥當後，老朱快樂了，自己四捨五入也算擁有了百獸園。而底下這一群穿著帶有飛禽走獸 logo 衣服的人，不就是「衣冠禽獸」本人嗎？

明《出警入蹕圖》

那麼，這樣光鮮亮麗的「衣冠禽獸」們，又怎麼淪落到了人人嫌棄的地步呢？究其根本在於——工資太低了。

這裡要為老朱說句話。雖說朱元璋早期經歷很慘，但不代表人家就很摳門。

在發工資這點上，朱元璋並沒有那麼苛刻，一開始定下的工資水準也不算低，在明朝早期養活一家老小還是完全沒問題。

> 國初定制，百官俸給皆支本色米石，如知縣月支米七石，歲支米八十四石，足勾養廉用度。
>
> ——王瓊《雙溪雜記》

問題在於，這工資被朱元璋定成了「永制」。

也就是說，任時光穿梭，任物價變化，我的工資永不變——真・死工資。

　朱棣為了上位，搞了個「靖難之變」，不僅弄出了個千古謎題「朱允炆去哪兒了」，還把國庫搞得很空虛。

　原本按稻米支付的工資，現在由於糧食儲備堪憂，變成了如下兩部分。

　這主要問題就出在折色上。

　由於大明寶鈔發行太失敗，而且一代更比一代差，到後期壓

根兒就沒啥人用這玩意兒了。

然而

國家不僅沒把寶鈔發行太失敗當回事，還把工資裡的折色比例越提越高。

這下，領工資＝領廢紙，讓原本就不富裕的大臣家庭雪上加霜。就連清官海瑞都感嘆：買二斤肉是真的不容易。

而且到了明朝中後期，官員間很流行送禮。本來養家糊口就已經不容易，現在還得維繫交際、照顧面子、充充排場。

無奈之下，「衣冠禽獸」們紛紛走向了貪汙的道路。

雖說朱元璋在立朝早期規定過，貪 60 兩就直接人頭落地。

這阻撓不了官員們貪汙的心。

他們無所畏懼，想盡一切辦法，在貪汙的路上越走越遠。一個七品知縣就能貪到一品官員年薪十倍的錢。

這下官員們的痛苦被成功轉嫁了，平民百姓卻哭出了聲。

而這群壓榨他們的「衣冠禽獸」，也從百萬平民之夢，成了百萬平民之恨。

明朝話本《金蓮記》中就已經有：人人罵我做衣冠禽獸，個個識我是文物穿窬。

　　所以說，隨著時代變化，一些詞語很可能會有和原來完全相反的涵義。

如果你有機會穿越的話，用詞必須謹慎喔。

12
古代戰爭
真的要打三百回合？

在演義小說或者影視作品裡，我們經常可以看到這樣一種情景：雙方開打前總要拉開陣勢，然後大戰三百回合。

決出勝負後，勝者再帶兵衝殺一番。

現在的人對於古代打仗抱有太多類似的誤解，今天我們就要破除關於古代戰爭裡的種種流言。

1. 大戰三百回合？不！

這種說法深受《三國演義》和《水滸傳》的影響。

首先，得搞清楚「回合」是什麼。「回合」最早出現在春秋時期的車戰中。

兩輛戰車迎面對衝，遠的時候先用弓箭對射一輪，近身時再用槍攻擊對方的人和車，這樣一次交鋒就叫「合」。

如果沒死人沒撞車，兩輛車就交錯而過了，這樣衝到敵陣也不太妙，要讓車轉個一百八十度回去再打一次，這就叫「回」。

所以兩邊交戰就是這樣「回」「合」、「回」「合」地進行。

其實答案很簡單，因為這樣打不科學。

騎兵打仗的最大優勢在於衝擊力，盡力衝向對手，以高速配合長武器形成巨大的衝擊力，迅速終結對手才是正確的作法。

歷史上武將單挑的次數真不多，很多還是意外。

例如，三國時期的孫策和太史慈單挑了一場，原因還挺搞笑。

這兩位老兄原本想巡查一下地形，方便以後排兵布陣，誰知道兩個人心有靈犀一點通，巡查到相同地方了。

兩人見面有點尷尬，因為大家都只帶了十幾個人，當沒事發生，又好像有點丟臉，只好開幹。

你們這究竟是高手對決，還是菜雞互啄……

據說在這場混戰中，太史慈搶了對方頭盔，孫策搶了對方的戟。

> （劉繇）但使（太史）慈偵視輕重。時獨與一騎卒遇策。
> 策從騎十三，皆韓當、宋謙、黃蓋輩也。慈便前鬥，正與
> 策對。策刺慈馬，而攬得慈項上手戟，慈亦得策兜鍪。會
> 兩家兵騎並各來赴，於是解散。
>
> ——《三國志》

　　後來，雙方士兵都趕來支援，孫策和太史慈識趣地達成共識，乖乖回到後方開始調兵遣將。

　　看看，這才是將領的正確作法。而且就算一方想單挑，當對方傻呀？當雙方帶的是幾千、幾萬跟來看熱鬧的鄉民？

　　而且，親自上陣的風險真的很大。夏侯淵身為主帥親自帶兵去修補陣地夠激勵士氣了吧？夠振奮人心了吧？劉備看了也很

感動，然後派兵宰了他。「老闆」曹操也很感動，說：「為督帥尚不當親戰，況補鹿角乎？」

翻譯過來就是——

可以看到，以曹操為代表的古人基本持有同樣的觀點：一個合格的將領是不會輕易去送死的。

所以，將領親自出陣真的是非常非常少見的事情，而且主將單挑對歷史也沒什麼重大影響。

2. 超重武器？武功高強？不！

大家總以為很多武將武功高強，拿著很重的武器，這樣才顯得勇猛。例如，關公的刀重 82 斤，典韋的雙戟也有 80 多斤。這兩位還算客氣的，隋唐的李元霸，他的錘子有 800 多斤⋯⋯

本來只是小說家隨便說個數糊弄一下讀者，沒想到當真的人意外得多，還為他們辯解：「古代武將天天鍛鍊，吃好喝好，體質比現代人要好得多，能拿起來也很正常。」

要是真這麼想就太天真了。

來看看古代出土文物。錘，已經算是重武器了，在各種電玩或者影視劇裡是下面這樣的。

這東西沒個幾百斤說不過去。

然而明朝出土的金瓜錘是這樣的——

這東西重一公斤，也就是兩斤！

就這麼「輕」的一個錘子，經過槓桿作用，可以把對方的頭連著盔甲一起砸扁。

我們不是說古人舉不起 80 多斤的東西，只是舉起 80 斤的槓

鈴和揮舞著 80 斤的槓鈴打架，完全是兩回事。

至於武藝，並不是沒有，只是比大多數人想像中要樸素得多。

很多人會高估武藝的重要性，但是比起技巧什麼的，力氣大加武器長才是王道。

騎兵配合馬的衝擊力一下子就能打死人，步兵幾個人一齊上，也能很快捅死對方，哪用得著你來我往、叮叮噹噹打個三百回合？

明朝名將戚繼光就是個明白人，他禁止士兵學那些耍花槍般的訓練。

> 凡比較武藝，務要俱照示學習實敵本事，直可對搏打者，
> 不許仍學習花槍等法，徒支虛架，以圖人前美觀。
>
> ——戚繼光

那真正能打的是什麼呢？是紀律。

> 開大陣，對大敵。比場中較藝，擒捕小賊不同。堂堂之陣，
> 千百人列隊而前，勇者不得先，怯者不得後；叢槍戳來，
> 叢槍戳去，亂刀砍來，亂殺還他，只是一齊擁進，轉手皆難，
> 焉能容得左右動跳？一人回頭，大眾同疑；一人轉移寸步，
> 大眾亦要奪心，焉能容得或進或退？
>
> ——戚繼光

3. 精銳士兵？運籌帷幄？不！

不知道是不是受影視劇和電玩的影響，很多人感覺古代打仗是這樣的——

但實際上是這樣的——

現代人往往高估了古代士兵的紀律性，其實古代中外的絕大部分軍隊都面臨著兩個問題：

1 士兵吃不飽飯。

2 士兵是一群烏合之眾。

雖然不能親眼見到古代士兵，但有近代士兵可以作為參考。

在世界大戰的時候，有人做過紀錄。在大部分戰鬥中，如果一方的傷亡率達到 30%，就已經完全喪失戰鬥能力了。

換句話說，一支軍隊的傷亡率超過 30% 還能繼續戰鬥，已經可以稱得上是精銳部隊了。傷亡率超過 50% 還能繼續戰鬥的，紀錄裡幾乎沒有。

當傷亡率超過 10% 或者 20% 的時候，大家基本上已經開始瘋狂逃命了。這才是常態。

這就是為什麼古人說「兵敗如山倒」。

軍隊容易潰散，所以在戰場上指揮軍隊是比較困難的一件事。古代的士兵，理論上是聽鼓響就向前衝，聽鑼響就往後退，能擺個有模有樣的陣法出來就已經算得上訓練有素。

你們終於學會了踢正步，我好感動。

熱淚盈眶 欣慰！ 欣慰！

就算表面有個陣形，實際打起來也是一衝就散。加上在戰爭中傳遞資訊並不容易，所以一般都靠聲音和旗幟。

然而

戰場上太混亂了，對方也在敲鼓，聽不清怎麼辦？旗幟被對方砍了怎麼辦？還不是得回到最原始的方法：看別人跑我就跑。

　　史書或電視裡那種決勝千里外的運籌帷幄，那種戰到最後一人的寧死不屈，在現實裡並不是常態。很多時候，與其說拚謀略戰法，倒不如說拚後勤和資訊，拚誰犯的錯誤更少。

忽略大量細節的戰鬥，會讓人覺得贏的將領強得不行，輸的將領弱得不行。

　　最後總結一下，現代人心目中的古代戰爭，經過了文學以及心中的美化，往往帶有強烈的英雄主義色彩。

　　實際上，古代打仗遠比人們想像中更加複雜，也更加混亂，當然，也更加殘酷。

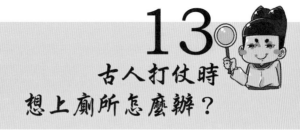

13 古人打仗時想上廁所怎麼辦？

古人打仗時想上廁所該怎麼辦？

這問題乍看很不正經，但其實這是一個很嚴肅的問題。

嚴肅，不要笑。

　　有人說，隨地一拉不就行了嗎？這可不行。排泄物可是軍事機密，有經驗的士兵可以從排泄物裡辨別出各種狀況。

　　例如，軍隊的規模大小、衛生條件如何、是否斷糧、是否有乾淨水源等。

　而且，大量糞便會滋生蠅蟲、降低衛生條件，這樣士兵就容易患上消化道疾病，導致腹瀉。

　腹瀉會導致更大量的糞便，蠅蟲會瘋狂滋生、衛生條件會瘋狂降低，士兵會瘋狂患上消化道疾病，又會導致大量腹瀉……

這時，一名熱心市民打斷了本文。

這樣的惡性循環一旦開始，想停下來就不是那麼簡單了，很容易發展成瘟疫。古今中外多少軍隊都敗在了瘟疫上。

所以在緊迫的戰鬥中，未經處理的排泄物比敵人更加可怕。

1. 就地解決

這可以說是最原始、最簡單實惠的方法，無須工具，找個地方脫褲子即可。

還可以帶個鏟子，拉之前挖個坑，拉完就地掩埋，綠色環保無汙染，可謂人與自然和諧相處的完美典範。

但是，這個作法也有重大缺陷。

首先，有士兵趁出恭的時候直接逃了；其次，如果大家都就地解決的話，場面可能會非常壯觀；最後，自己出去解決還有個重大安全隱患，那就是容易被敵方發現。

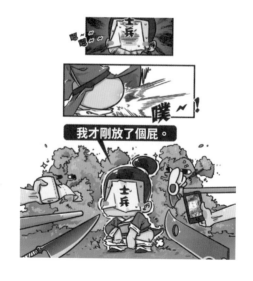

當然也可以拉完就跑，但是這樣不道德的行為也不是所有人都能做到，只有機動性強的軍隊才有能力這麼做。

一般遊牧民族會這樣做。由於騎兵機動性很強，不會在一個地方停留，所以只需要指定在一個地方解決，然後拔營出發就行了。

2. 公共廁所

人一多，就容易拉得到處都是，這時統一規劃管理就變得很重要了。

李靖和戚繼光等名將都曾出書寫過軍隊裡廁所的重要性。

一般幾十個士兵一個營區，一個營區挖一個大坑。當然如果這支軍隊比較講究的話，坑還可以修成這個樣子。

　　坑的選址是很重要的。不能靠近水源和廚房，也不能靠近睡覺的地方，還要科學地選在下風處。

　　公共廁所的好處有很多，例如，方便統一處理，避免洩露軍事機密，有效預防衛生條件的惡化，大家一起上廁所還可以促進感情等。

　　但是，這個方法也有缺陷。首先，挖坑需要耗費人力和時間；其次，嚴格來說公共廁所需要頻繁消毒，埋土是最基本的，說不定還要化學處理，例如：焚燒、撒石灰等等……

當然，最有效的辦法還是定期清淘。所以，對於清理的人來說，公共廁所是地獄般的存在。

更可怕的是，如果遇上下雨，說不定還會溢出來。如果再碰巧有投石或者炮彈打過來……

3. 以毒攻毒

既然想要擊退敵兵，也想要減少排泄物，那把排泄物丟給敵兵，豈不是雙倍的快樂？

於是，古人會把排泄物統一收集起來，命名為「金汁」。聽起來挺文雅的，但用起來就不怎麼文雅了。

一般士兵會用金汁泡箭頭，再射向敵兵。這樣很容易造成細菌感染，同時有效噁心對方，形成生理心理的雙重打擊。

這種用法已經非常惡毒了，但還有更惡毒的用法，那就是加熱之後倒在正辛苦爬城牆的敵方士兵頭上。

這一招會給受害者帶來無窮無盡的傷害。如果他運氣好，沒有因為金汁掉下去摔死，傷口也沒有被細菌感染，還頑強地倖存了下來，那他餘生也必須接受「自己曾被金汁潑過」這一悲慘事實。

4. 循環利用

如果是守城將士的話，選擇就可以更從容。

早在春秋戰國，古人就已經開始在城牆上修建廁所了，守城的士兵可以輪流上。廁所有兩層，地面是豬圈，二層是廁所。

> 五十步一廁，與下同圂。
>
> ——《墨子·備城門》

這種作法凝聚了勞動人民的智慧，非常經濟實惠，是華人環保理念的超前布署，是華人循環經濟的偉大嘗試。

5. 緊急時刻

如果真的打起來了，突然想上廁所怎麼辦？

在真正動手前，士兵會減少粗糧和水分攝取，這樣就不容易上廁所。加上精神高度緊張，人體生理上也會抑制上廁所的衝動。

不過這東西很難說，如果真的還是想上廁所，該怎麼辦？

就算拉屎，也得給我拉在褲襠裡。

大概就是這樣。

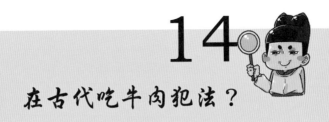

在古代吃牛肉犯法？

和今天不同，在古代，牛很重要，私自殺牛可是犯法的。

但《水滸傳》裡的那群傢伙，為什麼老是吃牛肉，是不是根本沒有把朕放在眼裡！

宋徽宗

好像是的。

宋朝能不能殺牛吃肉？不能。

私自殺牛是法律明文禁止的，《宋刑統》中明確規定：「諸故殺官私牛者，徒一年半。主自殺牛馬者徒一年。」

牛是古代農耕社會裡重要的戰略物資，是重要的生產資料，甚至比人還重要。

梁山好漢吃不吃牛肉？吃了，而且吃得可香了。

據不完全統計，各位好漢一共吃了 12 次牛肉，其中有幾次還是聚眾吃牛肉，平均每人能吃幾斤。證據確鑿，無可抵賴。

雖然宋朝人老是說羊肉才是王道，但只是宮廷裡的人這樣說，老百姓可不一定同意。

在他們心中，「以牛肉為上味」，羊肉都得靠邊站。

在宋朝，吃牛肉的人多得是，有的地方甚至「一鄉皆食牛」。

所以真正要抓的是──吃牛肉的老百姓！

宋朝規定私自宰牛是犯法的，但好像沒規定吃牛肉犯法。所以不僅老百姓吃，詩人和官員也吃，還吃出各種花樣：什麼水煮牛肉、烤牛肉、牛肉乾……應有盡有。

雖然提前向官府報備拿到許可證，可以殺病牛和老牛，但是這麼大規模地吃牛肉，很明顯不能單靠病牛和老牛。而且病牛和老牛的肉很可能也不好吃。

所以真正要抓的是——店家！

實際上，只要稍微總結就知道，《水滸傳》裡賣牛肉的店有：

這些店有一個共同點——都在荒無人煙的偏遠地方。這充分表達了一個中心思想——

　　而在《水滸傳》裡，也有不與世俗同流合汙、賣羊不賣牛的清流店家。

　　例如，在第三十八回，宋江、戴宗和李逵在江州著名的琵琶亭大酒店裡想吃牛肉，就被服務員拒絕了。酒保道：「小人這裡只賣羊肉，卻沒牛肉。要肥羊盡有。」

　　可見正經的大酒店是不會賣牛肉的。

　　所以真正要抓的是──賣牛肉的無良店家！

既然殺牛犯法，要坐牢，怎麼還有這麼多人敢殺牛？

其實，這只是一道簡單的計算題。

蓋一牛之價不過五七千，一牛之肉不下二三百斤，肉每斤
價值需百錢，利入厚故，人多貪利，不願重刑。

——《宋會要》

因為殺牛能有 4-5 倍的暴利，所以宋朝的宰牛業相當發達。
特別在兩浙一帶，甚至有屠戶殺牛致富，走上人生巔峰。

恩州民張氏以屠牛致富。

——《夷堅志》

更厲害的是一個叫劉棠的屠戶。這位老兄不僅宰牛，而且還
瘋狂宰，宰了成百上千隻。

甚至還搞了酒店、肉店之類的連鎖經營，提供一條龍服務，
非常囂張。

所以真正要抓的是——殺牛的屠戶！

雖然前文已經說過，宋朝明令禁止殺牛，讓牛受傷導致其不能工作也跟殺牛同罪；南宋最嚴格時，殺耕牛要判死刑。

但實際上，百姓根本不管這一套，該宰就宰、該吃就吃，因為地方官府根本就不管。

曾經有中央官員視察發現，不僅鄉下地方有賣牛肉的，從洛陽到開封這樣的大城市，一路上也全是賣牛肉的。

然而，絕大多數地方官員默契地切換到了「睜一隻眼閉一隻眼模式」，還設立了牛肉稅，搞得牛肉市場欣欣向榮。

所以真正要抓的是──地方官員！

宋朝理論上說要保護耕牛，但那時的畜牧業有了很大的發展，牛的數量比以前多了很多。

於是地方官府一看，所有人都在吃，還管什麼？乾脆採取了資本主義的先進方法──收牛肉稅。

這不僅能讓人民的口味得到滿足，還能增加點地方收入。

國泰民安，豈不美哉！

皇上知道有牛肉稅這件事時，有些地方都已經收了 70 多年了。因為中國地方實在是太大了，中央政府的管理能力有限，很大程度上要靠地方自我管理。

所以在吃牛肉這件事上監督不力，說到底還是朝廷不行。

所以真正要抓的是──皇帝！

15

古人住客棧
要冒著生命危險？

大家都知道，在《水滸傳》裡想要尋死很簡單，只要做一件事——住店。

你可能會有如下遭遇。

旱地忽律朱貴的南山酒店：殺人越貨，瘦肉切成肉片、肥肉做成燈油。催命判官李立的揭陽嶺酒店：殺人搶劫，把人剁了當肉餡。當然最出名的還是孫二娘的十字坡酒店：還想把武松做成人肉包子。

你們這個人肉叉燒包還
搞連鎖店還是怎麼的？

雖然《水滸傳》只是小說，但有人認為藝術源於生活。

那麼古代是不是真的有這麼多黑店呢？

住店是不是真的這麼危險？

住客會不會常常被做成包子呢？

早在漢代，黑店可能就已經出現了，而且這個黑店還差點殺掉了皇帝。

據說，鼎鼎大名的漢武帝喜歡晚上出去玩。有一次，他跑去柏谷玩，玩累了在旅館住下，還問旅館主人要酒喝。

而這個旅館老闆還挺囂張的，他是這樣說的：

那個老闆真是這麼說的……

> 又嘗夜至柏谷，投逆旅宿，就逆旅主人求漿，主人翁曰：
> 「無漿，正有溺耳！」
>
> ——《資治通鑑·漢紀九》

老闆還懷疑他是盜賊，聚集了一幫人想要圍毆漢武帝，好在他老婆看出漢武帝不像一般人，就勸老闆不要動他。

老闆一開始還不聽，於是她把老闆灌醉綁起來，這才救了漢武帝一命。

漢武帝第二天回宮，賞賜了老闆娘很多錢財。不過經過這次，漢武帝也學乖了，乾脆自己建了 12 間旅館。

宋朝的經濟很發達，往來通商和旅遊的人更多了，私人旅店也搞得有聲有色，其中可能混雜著不少黑店。

直到清朝，相關記載都一直存在。長江下游（也就是江西、江蘇等地）和山東一樣，路上也有很多黑店。

> 長江下游匪徒甚多，畫奪夜劫，時有所聞，陸道則尤多黑店，與山左無異也。
>
> ——《清稗類鈔》

書裡還給了個生動案例：

有一個賣豬的商人去到江西浮梁縣，找了個夫婦合開的旅館住下。

雖然穿得破破爛爛，但老江湖一看就知道他身上帶著不少錢。

這位商人住在樓下，很巧的是他在樓上遇到了自己的老朋友——一個賣燈草的商人。

賣豬的商人晚上睡不著，就想找老朋友聊聊天。

朋友也是好人——

你是不是不習慣住樓下啊？
你想跟我換房間的話也行啊！

　　賣豬的商人很感動，換了房間後果然睡著了。半夜三更，他被樓下的動靜吵醒，下樓一看，嚇呆了 —— 原來是店主夫婦拿著刀進了房，正對著裡面熟睡的燈草商人猛砍。

　　想到那個死去的人原本會是自己，他怕得渾身發抖，天一亮就直接逃出去告官了。

這類黑店故事情節曲折刺激，細節豐富，而且廣泛出現在各種筆記、話本、小說裡，列舉不完。

這類故事是不是真的？不知道。但普通老百姓是真的很怕遇到黑店。

不過，看故事也就圖個娛樂，真要看還得看真實案件。

上述事件說得有鼻子有眼，不過真實性不得而知。

下面這些才是真實案件。

《折獄龜鑑》裡記錄了「韋皋驗薄考辭核逆旅奸」一案。

韋皋在劍南地區當官時，當地有家黑店，會對住店的商人下毒，殺人劫貨，還靠這個發了財。官府查上門來，店家還謊稱商人是病死的。

好在最後官府發現帳簿是偽造的，而且店家的證詞有不少地方不能自圓其說，透過前後物證人證對比，才最終查明了案情。

　　乾隆批過一份奏摺，也是跟旅館殺人案有關。

　　乾隆四十三年（1778 年），河南有個悍匪叫張振奇，此人心狠手辣，力大無比，被官府抓獲後發配雲南彌渡縣。

　　這裡有很多商人經常來往做生意，張振奇看準這個優勢，在這開了一家旅店。每當有單身旅客投宿，就殺掉對方並奪取錢財，把屍體埋在旅店的院子裡。

　　乾隆一看這個奏摺，大驚，大罵「可惡至極」！

　　他下令將張振奇凌遲處死，然後把頭砍下來示眾，還順便把前幾任沒發現案件的官員通通處分了。

可見——

1 古代確實存在著殺人劫貨的黑店；

2 黑店一般在天高皇帝遠的地方；

3 真實案件遠沒有故事刺激。

其實很久之前，官府就開始意識到了這個問題。

從宋元開始，逐漸出現了住宿登記制度「店簿」，明代叫「店曆」。

跟現在的身分證登記是同個意思。

　　元明時期，民間還出現了「不下單客」的規定。也就是說，
單身旅客想要住店，必須有擔保人。

　　而且由於客人處於劣勢，古代的一些法律會更偏向於客人。

　　例如，清朝有專門的法律規定：如果客人在盡到個人義務後
財物丟了，旅店要原價賠償。

這種情況下，連謀財都挺
困難的，更別說害命了。

　　總結一下，隨著經濟發展，各類人群流動開始變得頻繁，各
種旅店也跟著發展起來。

　　在監管不完善的時候，甚至出現了黑店謀財害命的極端例子，
這種事情的傳播力可不是一般強，很快就搞得外出的人們都很
害怕。

　　人們擔憂自己出門在外被謀財害命，於是各種黑店的故事出現了。在各種筆記小說故事裡，酒家歇店常常被認為是殺人越貨的黑窩。

　　在人們豐富的想像力下，甚至出現了一些驚悚的情節（例如人肉包子什麼的）。這些故事往往傳播範圍很廣。

而真正的案件，往往沒那麼驚悚。

　　雖然很多案件發生在酒店、旅店，例如打架鬥毆、物品遺失等，甚至有不少黑店會提供賭博、嫖娼等違法服務，對治安造成一定的影響。

做著謀財害命勾當的真黑店其實並不多,《水滸傳》裡描述的:遍地都是做「人肉叉燒包」的黑店,恐怕更像是一種都市傳說。

所以,古代人在城市裡可以放心住店,在偏僻的地方住正規店也沒啥問題。硬要住不正規的店也不是不行,只有運氣很差才會碰到敢殺人的黑店,而且也基本不可能被做成包子,最多會被就地埋了。

16
「三妻四妾」
其實都是騙人的？

　　現代人對自己單身最大的誤解，莫過於覺得要是有穿越的機會，憑藉自己的顏值，回到古代一定能有三妻四妾。

　　首先，三妻四妾是犯法的，在古代也是。古代實行的是一夫一妻多妾制，而想解鎖這個成就，困難指數高達五顆星，甚至比在現代娶到「青春偶像」還難。

　　它需要完成以下兩個前置任務：

前置任務一：對的時間

在中國的歷史長河中，能找到一個完美的時間，且分毫不差地穿越，那可能比中 500 萬還難。

就知道你不行，還不是得靠朕。

1. 不用考慮的朝代：元明清

從元朝開始，一夫一妻制被官方確立下來，元朝成為第一個明文規定老百姓不能娶妾的朝代。

但還是有人以「不孝有三，無後為大」這個最硬的理由，為廣大男同胞爭取到了一個娶妾的機會。

這個機會……就不知道該哭還是該笑了。

畢竟都明文規定了不能娶妾，你想要額外的福利自然有條件，

而元朝娶妾的條件就是——年過 40 且無子嗣。

明清兩朝延續了元朝的規定。

　　肯定有人要說了：「你胡說，韋小寶不是清朝的嗎？他不就有七個老婆嗎？」

2. 繞著走的朝代：晉朝（特指晉武帝時期）

晉武帝司馬炎曾規定：「女年十七父母不嫁者，使長吏配之。」

意思是，女孩子 17 歲還未嫁，就由國家分配對象了。這樣看來，晉武帝簡直是古代削減單身戰士第一人。

司馬炎開始選秀後，全國男性都傻眼了。他在選秀期間下令，全國女性不允許婚嫁，都得入宮參選。意思就是：我先挑，你們再撿剩下的。

選妃不是關鍵，關鍵是司馬炎真的不挑剔，差不多是個女的就行。憑藉這項政策，司馬炎輕鬆拿下「史上後宮人數最多的皇帝」獎項，他的後宮人數占了晉國人口的千分之一。

3. 可以比較放心選的朝代：唐朝

理由很簡單，因為唐朝開放啊。

作為人們最想穿越的朝代之一，唐朝尤其是盛唐，人美、環境好，社交生活豐富，不愁沒手機打發時間。

而且在其他朝代還得面臨兵荒馬亂，或者老天爺不時地開開玩笑，什麼商湯七年不降雨之類的。

所以，選唐朝是比較穩的。

前置任務二：對的地點

對的地點，不是指穿越到一個漫天櫻花、正好有一人等著向你求婚的地方，而是出生地點有沒有選對。

古代不僅重男輕女，甚至還有「產女則殺之」的現象。

更有資料顯示，商代殷墟王邑的男女比例是 183:100，而明朝時期長洲縣（今江蘇境內）男女比例甚至達到 300:100。

你以為的古代是這樣的。

實際上的古代是這樣的。

男女比例三比一，一對情侶一對基。

　　那為什麼現代人總有種古代不缺女子的錯覺呢？原因都在他們身上。

流傳到現在的故事，都是文人墨客寫的，而青樓是他們尋找靈感常去的地方。

所以總給人一種風流快活不缺妹子的感覺。

但普通老百姓大多是文盲，還得忙著幹活，誰有空談情說愛還寫下來？所以強化了古代不缺女子的錯覺。

感恩現代，我沒錢還能在網上裝有對象。

妹子本身就供不應求，而養人是要花錢的。

普通老百姓飯都不夠吃，哪還有閒錢去養個幹不了重活、幫不了忙的妾？所以形成了嚴重的兩極分化。

想要有妾？你得先有錢。

而地位的不同也直接決定了你能納妾的數量。

《春秋公羊傳》中有「諸侯一聘九女」的記載，也就是說，春秋戰國時期，擁有軍政大權的地方長官可以娶九個女子。

漢朝《獨斷》記載：「卿大夫一妻二妾。」「功成受封，得備八妾。」

身為三公九卿中的卿大夫，都只能有兩個妾。但是為了提高工作效率，也有特別規定：想多要幾個也不是不可以，給我去加班幹活當「社畜」吧！

對象，找起來很容易……就是很頭大。

到了唐朝，《唐六典》中規定：親王可以娶 12 個妾，郡王和一品官員可娶 10 個，依次遞減。

每少一品就少兩個對象，普通官員也可以享受多妾福利，當然前提還是——

你要有錢養！

所以，對的地點真的很重要。

如果投胎到平民人家，你只能當個「檸檬精」。

像歷史著名老光棍牧犢子一樣，單身到 70 歲，還創作單身情歌《雉朝飛》。

看完以上前置條件，你應該也明白了：穿越與否其實不重要，因為自古至今，社會雖然一直在進步，但有些現象一直沒變。那就是——有錢人似乎永遠都不缺對象。

17

古人為什麼以留鬍子為美？

現在在網上，最不缺的就是各種帥哥美女。我們都知道，古代的帥哥美女也不少。

但是，你有沒有想過——

如果現代的帥哥美女回到古代，古人會給他們的顏值打多少分數？

當然，顏值也不光看臉，先不論現代人的髮型在古人眼裡可能怪得不行，光是鬍子這一項，想必就得大大扣分。

現代人往往都會刮乾淨鬍子，不刮鬍子總會給人一種邋遢的印象。

但古人並不是這樣認為的。

> 髭（ㄗ），口上鬚也；髯（ㄖㄢˊ），頰鬚也；鬚，面毛也。
> ——《說文解字．須部》

也就是說，嘴唇上的叫「髭」；兩邊腮上的叫「髯」；下巴上的叫「鬚」。

分得這麼細，可見古人對待鬍子的態度有多認真。

秦漢的時候，一把漂亮的鬍子可是當時帥哥的標配。

例如，西漢的權臣霍光，正是因為他有一把漂亮的鬍子，才成為了當時有名的帥哥。

> 光為人沉靜詳審，長才七尺三寸，白皙，疏眉目，美鬚髯。
> ──《漢書·霍光傳》

據司馬遷說，劉邦也有漂亮鬍子：「隆准而龍顏，美鬚髯，左股有七十二黑子。」

先不管司馬遷說的是真是假，起碼能看出古人對留鬍子還是挺熱衷的。

三國時期有名的「大鬍子」大家就更熟悉了，我猜你第一個想到的肯定就是關羽和他那把飄逸的「黑長直」了。

一向瀟灑的關二爺唯獨對鬍子在意得不得了，掉了幾根都心痛得不行。冬天為了保養鬍子，他還要用塊黑紗布把鬍子包起來，唯恐鬍子斷掉。

雖然用紗布包鬍子一事是《三國演義》的藝術加工，不過藝術加工也是有出處的。

《三國志》裡記載，由於關羽的鬚髯很漂亮，諸葛亮直接就將關羽稱為「髯」了。

> 羽美鬚髯，故亮謂之髯。
>
> ——《三國志》

光是修剪、保養鬍子這些常規動作已經滿足不了古人的愛美之心了，他們還學會了染鬍子，比較早的記載有漢代的王莽。

> 欲外視自安，乃染其鬚髮，進所征天下淑女。
>
> ——《漢書》

翻譯過來就是，王莽想要讓大家看到自己從容自信而且年輕有活力的樣子，於是就染黑自己的頭髮和鬍子，還要大召天下美女進宮，來證明自己精力旺盛。

反正在魏晉之前，沒有一把鬍子的男人都不好意思自稱帥哥。

所以說，現在的很多帥哥，特別是「小鮮肉」，如果穿越回古代，推測是沒有什麼市場的。

不過，到了魏晉南北朝，人們的思想和審美變得開放，不僅出了像竹林七賢這樣狂放不羈的人，美男子也層出不窮。

很多男人開始學著化妝和刮鬍子。

北齊著名教育家顏之推看不慣這種風氣，還把它寫進了家訓裡，以警示後人。

> 梁朝全盛之時，貴遊子弟，多無學術……無不熏衣剃面，
> 傅粉施朱……
>
> ——《顏氏家訓·勉學篇》

我們可以從《顏氏家訓》中看到，那時候的一些男性不僅會刮鬍子，還噴香水、化妝、塗口紅，可以說是非常精緻了。

那時候人們的審美推測會比較接近於今天人們普遍喜歡的「小鮮肉」。

從那以後，刮鬍子逐漸被社會所接受。

到了宋代，已有不少人開始刮鬍子了。例如《清明上河圖》裡，很多人都沒有鬍子。

這並不代表魏晉南北朝後古人就不愛留鬍子了。

在唐朝，留鬍子仍然是一種潮流，而「翹腳鬍」是當時帥哥最時髦的造型。

翹腳鬍造型

在留鬍子方面，明朝也有不少傑出代表。例如，明朝名臣張居正就是個美男子——有長鬍子的那種。

居正為人，頎面秀眉目，鬚長至腹。

——《明史》

他的兒子張敬修據說更猛：「鬚皆過膝。」

這可能有點遺傳因素在裡面。

可見，即使到了明朝，雖然刮鬍子變得正常，但有一把好鬍子仍然是「帥」「成熟」「男人味」的標誌。

其實，直到近現代，仍有不少人喜歡留鬍子，例如我們都很熟悉的「迅哥」（魯迅）。

這都被你發現了。

外國的情況也是很複雜，每個國家對待鬍子的態度都不同。

例如古埃及人流行剃毛，其中也包括鬍子；古羅馬似乎也是流行刮鬍鬚的。

但是

還有很多國家和地區的人是習慣留鬍子的。例如古希臘、古波斯等地，男人沒留大鬍子都不好意思上街。

大鬍子

　　不過，以古羅馬人為首的「刮鬍子派」，為了讓臉上光溜溜的，付出的代價可謂非常慘痛。

　　不僅要用原始的青銅剃刀來回折磨自己的臉，還發明了一種鑷子作為輔助。

Novacila Razor

這就是其中一種青銅剃刀，它長得有點像今天的手指虎。

　　可能臉上經歷無數次鮮血淋漓，古羅馬人發明了脫毛液和刮鬍膏，傳說其中原料包括：樹脂、母山羊膽汁、蝙蝠血和蛇粉。

跟古代中國的情況有點像，隨著剃刀的改進，外國人刮鬍子的習慣也逐漸被更廣泛地接受。

而以留鬍子為美的取向也一直存在。例如近代，德國就靠著牛角鬍引領了一波全世界的鬍子潮流。

牛角鬍造型

首先，要把下嘴唇和兩腮的鬍子全部剃掉，只留上嘴唇的鬍鬚，然後把它梳理好，再用油脂固定，這樣才能形成牛角鬍。

　　一時間，全世界紛紛開始模仿德國的鬍子新潮流。

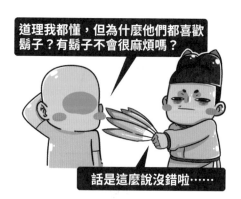

　　至於為什麼中國和外國如此不約而同，都以有鬍子為美，道理其實很簡單——雖說有鬍子確實挺麻煩。

在歷史長河的大部分時間裡，刮鬍子更麻煩。

前面已經提到，最早的時候，人們得靠青銅剃刀，甚至石刀來刮鬍子。

這些工具不太鋒利，刮個鬍子得來回割半天，可能這時候已經把臉割幾個傷口了。

即使這樣也不能刮乾淨。但那怎麼辦呢？一個字——拔！

隨著鐵器的出現，刀子變得更鋒利了，甚至出現了專門用於刮鬍的小刀。用剪刀修剪鬍子、頭髮沒什麼問題，但要用小刀來刮臉，那就很危險了。

由於當時技術和刀片的品質不好，被刮出血是家常便飯，下巴多幾個傷口也是很正常的事情，最壞的情況甚至會得破傷風掛掉。

即使後面人們發明了直柄剃刀，刮鬍仍然不是一件容易的事，一般要專人操作，不僅麻煩還很花錢。

有些貴族倒是挺喜歡這種方式，於是刮鬍子就變成了有錢有閒的象徵。

一戰之前，大家基本還是喜歡「漂亮的大鬍子」。

但一戰過後，這種情況徹底反轉了過來，原因是戰場上大規模使用毒氣武器，大家被迫戴上了防毒面具。

原本引以為豪的大鬍子，這時卻成了一種阻礙，影響防毒面具的氣密性。

如果毒氣從鬍子和防毒面具之間的空隙裡鑽了進去，那可不是說著玩的……

沒辦法，鬍子誠可貴，生命價更高，大家只好心痛地剪掉自己精心打理的鬍子。

當然，也有人捨不得自己留了多年的鬍子，會選擇留下中間那一塊，這就是當年風靡一時的「衛生鬍」。

還不錯嘛。

刮鬍子的普及也得益於安全剃刀的發明。

自此之後，刮鬍子逐漸成為了主流審美，留鬍子反而容易讓人覺得邋遢、不講衛生。

到了今天，留鬍子還是刮鬍子，已經成了非常隨意的私人選擇了。

18 古代男子
都以「啤酒肚」為榮？

夏天是人類的照妖鏡，女子的「游泳圈」和男子的「啤酒肚」，天氣一熱，人們一脫衣服就現原形。

幾個月啦？是男是女？

現代男子吃出啤酒肚會被說油膩。

然而

古代男子卻以啤酒肚為榮，那叫作瀟灑和富態，還美其名曰：將軍肚。

而秦始皇兵馬俑的將軍肚就是一個很好的代表。

官越大，將軍肚越大。

那麼問題來了——挺著一個大肚子能衝鋒陷陣嗎？打仗打的是寂寞吧。

為什麼古代武將挺著一個將軍肚，卻沒有八塊腹肌？

將軍肚並不是只有秦朝人有，歷朝歷代都常見。可見，這種肚子是有過人之處的，那麼究竟是能打人還是能嚇人呢？

在冷兵器時代,要打群架,裝備必須夠實在。將軍和士兵身上的裝備相當於一套小型健身器材。

戰國時期,吳起率領 5 萬魏軍打敗了 50 萬秦軍,拿下了中國史上以少勝多的著名戰役——陰晉之戰。

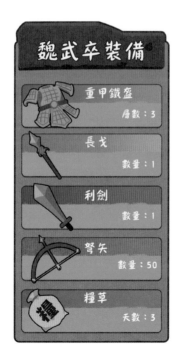

當時，吳起訓練出的魏武卒要披上三層重甲和鐵盔，手拿長戈，腰佩利劍，背著五十支弩矢，要有能開十二石的弓箭（60公斤為一石），還要攜帶 3 天的作戰糧草。

魏氏之武卒以度取之，衣三屬之甲，操十二石之弩，
負矢五十，置戈其上，
冠胄帶劍，贏三日之糧，日中而趨百里。
——《荀子・議兵篇》

到了宋朝，步兵的盔甲最重有 29.8 公斤，弩手的鎧甲也有 27 公斤。

明清年間，雖說有了綿甲，鎧甲重量大大減少了，但少說也有 12 公斤。

性感士兵，在線舉鐵，
這是猛男秀的鼻祖吧……

把鐵扛身上，這得需要多大的核心肌力？更何況穿在一個毫無力量的瘦子身上，鐵定早趴下了，還殺什麼敵？

　　這時有人會說了：瘦子練出八塊腹肌也照樣有力量啊。這就不得不說說「行軍」這回事了。

　　古代沒飛機、火車、汽車、腳踏車，將軍還能騎馬，扛著鐵的士兵就只能走路了，一天大概步行 60 里，軍行時長短則 3 天，長則幾個月。

　　兵貴神速，行軍速度當然得越快越好，這種情況下，肚子不多囤點脂肪，根本吃不消。

> 凡軍行在道，十里齊整休息，三十里會乾糧，六十里食宿。
> ——《武經總要·卷五》

另外，不是只有走路的士兵需要囤一身脂肪（雖然他們大多因太窮而瘦骨嶙峋），長期騎馬的將軍更需要，他們還需要足夠的腰腹力量來提供能量和抗打抗造的緩衝力。

所以，比起華麗的八塊腹肌，肥厚的腰腹才是武將的利器。例如，以魯智深為首的硬漢們就以「腰闊十圍」為榮。

久而久之，他們的脖子粗得像老虎，脖子越粗，身材越魁梧，東漢班超也是結實肥壯的代表。

生燕頷虎頸，飛而食肉，此萬里侯相也。

——《後漢書·班超傳》

到了戰場上，要上陣打群架了，古代群架是講究排兵布陣的格鬥戰。

在格鬥中，體重越大的將軍其脂肪和肌肉越多，那麼力量就越大、越能扛，戰鬥值也跟著往上漲。

不信你看我們的摔跤手和日本相撲選手，如果肌肉增長不了，他們就要刻意增加體重來獲取降維優勢。

這樣看來，古代並沒有飛簷走壁，能打的武將都得是「結實肥壯」的猛士：頭大、手大、腳大、膀大、臀大；頸粗、腰粗、腿粗，虎背熊腰成了標配。

不但行軍能忍餓，萬一打不過還能來一招「泰山壓頂」。

性感武將，在線砍人

特別說明，將軍肚並不是只靠脂肪把肚子撐大，而是在發達的肌肉外面包裹上脂肪，俗稱脂包肌，不然只能算虛胖。

試想一下，如果古代硬漢要保持八塊腹肌，不能有一塊肥肉，必須堅持嚴格的飲食規律：無油無鹽，少食多餐。

而且，肌肉越多，基礎代謝越快，越容易餓。

照古代戰爭那種不眠不休的打法，打著打著就餓死了，八塊腹肌只是吃力不討好。

脂包肌雖說沒有完美線條，觀賞值為零。

戰鬥力和續航能力一百分，跟現代人的啤酒肚完全不一樣，詳情可對照現代的格鬥士和相撲選手。

練得虎背熊腰的武將們在古代有不少迷妹。

雖說君子如玉的「潘安們」有龐大的市場，但絲毫不能阻擋將軍肚們的魅力，畢竟那時的妹子並不崇拜肌肉。

而且，在物質匱乏的年代，富態和肥壯也是富裕的象徵。

> 建隆初，（李彝興）獻馬三百匹，太祖大喜，親視攻玉為帶，
> 且召使問曰：汝帥腹圍幾何？
> 使言：彝興腰腹甚大。
> 太祖曰：汝帥真福人也。
> 遂遣使以帶賜之。
>
> ──《宋史·夏國傳》

我的意中人，終於練得身材
圓闊、虎背熊腰來娶我了。

　　究竟什麼時候八塊腹肌的審美開始取代了結實肥壯呢？這就
要問問八塊腹肌的鼻祖——古希臘人。

　　從古到今，古希臘人對人體肌肉線條一直愛得深沉。

　　從西元前 5 世紀起，希臘雕塑家米隆的《擲鐵餅者》一直流
行到了現在。哲學家也來湊熱鬧，柏拉圖就大力鼓勵體育教育。

　　希臘人把奧林匹克運動會辦得風生水起，各種肌肉作品也應
時而生。畫家還聯合數學家、解剖醫生，研究人體黃金比例，
裸露成了流行趨勢。

相反地，古代中國人衣服越穿越厚，包得嚴嚴實實的，還不能光身子。

畫家們的畫風也越來越寫實了，武將們的形象都是清一色的「大肚子」，從韓信到呂布、關羽，都大腹便便。

但你要說每個武將都是大肚子，其實也未必。霍去病偏偏是細腰，刺客們的身材也是一級棒，但顯然刺客都不是宮廷畫師的核心客戶，所以也沒留下他們的畫像。

古代畫師的重任不是展現朝廷將軍的好身材，而是他們的精神面貌和華麗盔甲。

說白了，就是展示朝廷的硬實力。

所以將軍要嘛身穿重型盔甲，要嘛身著又貴又厚的官服，即便他們有八塊腹肌，也被藏得嚴嚴實實，又有誰知道呢？

明代以前，民間很少有老百姓看過將軍們的大肚子畫像，直到暢銷書插圖產業興起，大量讀者愛上《三國演義》、《楊家將》等書籍，而裡面的插圖參考了官方武將圖，例如 300 多斤的安祿山。

這樣一來，大肚子畫像就上了民間熱搜。百姓不總結不知道，一總結才發現古代武將是清一色的「胖子」。

19

原來中國古代根本沒有辣椒？

辣椒在明朝末年才傳入我國，在此之前，中國人是吃不到辣椒的。

> 黃桑，別的小朋友都去吃火鍋了，你什麼時候帶我去呀？

> 就問你吃不吃？

辣　辣　辣　辣　辣　辣

麻辣火鍋

那沒有辣椒的古人，特別是四川人，是怎麼熬過來的？

其實，中國古代壓根沒有辣椒，歐洲也沒有。

被認為祖傳能吃辣的川渝地區，在辣椒沒出現前，一直吃的是下面這些。

這要從歐洲的吃貨說起。

15 世紀，印度胡椒是歐洲貴族的象徵，它能讓變質的肉變香。

在代購鼻祖——阿拉伯人的廣告轟炸下，它還有治療瘟疫的奇效。

但是胡椒被阿拉伯人壟斷，貴得離譜，一磅胡椒可以買一頭豬。

於是，西班牙國王派哥倫布去印度親自帶貨。

哥倫布走錯了路，跑到了美洲發現了新大陸，帶回的卻是瑪雅人種了 6000 多年的特產——辣椒，辣哭了國王。

辣得噴火，菊花疼。

哥倫布的誤打誤撞一舉改變了全世界的飲食文化，辣椒成了歐洲的爆款。

但它無法代替胡椒在歐洲人心裡的原配地位。後來，葡萄牙國王派達‧伽馬遠赴印度。

占領印度後，此時已無辣不歡的葡萄牙人又在這裡種滿了辣椒，東南亞的咖哩和美洲的辣椒成功會面。

此時，在麻六甲做生意的明朝漢人，是第一批見到辣椒的中國人，他們嗅到了商機。

當時明朝實行海禁政策，商人們只能偷偷帶一點點辣椒，從廣東和浙江過關回國。

然而

他們先賣給了家有園林的江南文人，而不是市民和開飯店的老闆。

當時，江南園林流行奇花異草，所以文人喜歡雇出海的商船去尋找，找到後回來種在園子裡，然後跟別人炫耀。

因此辣椒首次在中國露面是觀賞用的，有時還用來止痛。

辣椒湯

但它唯獨不是拿來吃的。

> 番椒，叢生白花，果儼似禿筆頭，味辣色紅，甚可觀。
>
> ——《燕閑清賞箋·四時花紀》

當時的辣椒，跟番茄同姓，叫番椒。

古代中國長期引進外來食物，命名是有相似規律的。

秦漢到唐宋之間傳進來的姓「胡」：
胡蘿蔔、胡荽、胡椒、胡瓜（黃瓜）。

唐宋到明清傳進來的姓「番」和「海」：
番薯、番茄、番椒（海椒）、番豆。

清以後傳過來的姓「洋」：
洋椒、洋芋、洋蔥、洋白菜。

　　當了一百年的溫室花朵後，辣椒首次走進廚房是在康熙末年，當時貴州缺鹽。

　　因為當時實行鹽鐵官賣，鹽的產量少、分配效率低，所以特別貴。再加上貴州山路十八彎，運輸困難，導致貴州人民長期缺鹽。

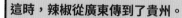

這時，辣椒從廣東傳到了貴州。

貴州稱它為海椒，機智地用它來代替鹽，沒想到特別下飯。
在此之前，他們只能燒草木灰代鹽、用鹼代鹽、用酸代鹽……

> 海椒，俗名辣火，土苗用以代鹽
>
> ——《思州府志》

200 多年後，國民女神老干媽就要在這裡華麗登場，造福海內外宅男。

雍正乾隆年間，貴州人開始無辣不歡，這帶動了雲南、湖南、湖北、江西、四川等地的飲食風潮，辣椒還順著蜀道傳到陝西，打開了北方市場，一路向西北直達新疆。

所以，貴州人才是吃辣椒的鼻祖。

在元末明初和明末清初，四川戰亂頻發，人口從 120 萬驟減到 50 萬。那群祖傳吃花椒和茱萸的川渝本地居民早就在戰亂裡無辜喪生了。

一方有難，八方移民，為了重振四川，清朝實行「湖廣填四川」的政策。

此時，湖北湖南的辣加上四川的辣，成了如今川渝的麻辣。從蜀道傳到陝西後，麻辣又成了油潑辣子。

一方水土養一方辣椒

　既然辣椒這麼美味，那為什麼廣東和浙江作為入境地卻沒流行起來呢？

　這主要是因為沿海地區捕魚容易，吃海產品得配白飯；另外商品經濟比較發達，也不缺下飯菜；而且江南人民還能吃甜食下飯。

所以辣椒被認為是窮苦人民的食品，不受富貴階層待見！

　湖南人曾國藩身為朝廷重臣，很多下屬想討好他，給他送好吃的。

　據說有一次，廚子端來一碗燕窩，往裡面撒了辣椒粉，下屬非常驚訝。

　廚子偷偷告訴他，大人每頓都少不了辣椒粉。

就連曾大人都要偷偷吃辣，可見吃辣在皇宮、官僚、地主裡並不常見。

辣椒進入中國，從觀賞性植物到美食圈裡不可或缺的一角，僅用了四百多年，就迅速獲得了人們的喜愛，還發展出了一系列的美食。

被辣椒帶得最旺的是火鍋，可見吃辣椒的痛感多麼讓人上頭。

致謝

感謝所有為本書奮鬥的朋友，為此書出版嘔心瀝血的諸位好友芳名刊印於此，以期長存。

功績不問高低，以下排序不分先後：

黃澤濤、劉開舉、肖航、陳震毅、江宗燁、陳麗亞、曾黛琪、馬曉丹、沈雪瑩、楊慧慧、曾凱麟、陳曉笙、商若梅、侯健、湯煥駒、曾煒茵

其中，特別感謝江宗燁（小江）對本書的巨大付出，他對知識的熱愛和追求將永遠地激勵我們。

課本上學不到的
漫畫中國史

編　　繪——朕說・黃桑
主　　編——王衣卉
責任企劃——王綾翊
書籍裝幀—— evian

第五編輯部
總　　監——梁芳春
董 事 長——趙政岷
出 版 者——時報文化出版企業股份有限公司
　　　　　　108019 臺北市和平西路 3 段 240 號
　　　　　　發 行 專 線—（02）2306-6842
　　　　　　讀者服務專線— 0800-231-705・（02）2304-7103
　　　　　　讀者服務傳真—（02）2304-6858
　　　　　　郵　　　　撥— 19344724　時報文化出版公司
　　　　　　信　　　　箱— 10899 臺北華江橋郵局第 99 信箱
時 報 悅 讀 網—http://www.readingtimes.com.tw
電 子 郵 件 信 箱—yoho@readingtimes.com.tw

法律顧問—理律法律事務所 陳長文律師、李念祖律師
印　　刷—和楹印刷有限公司
初版一刷—2021 年 3 月 25 日
定　　價—新臺幣 400 元

課本上學不到的漫畫中國史/黃桑編.繪. -- 初版. --
臺北市：時報文化出版企業股份有限公司, 2022.03
296面 ;14.8*21公分
ISBN 978-626-335-180-6(平裝)

1.CST: 中國史 2.CST: 通俗史話 3.CST: 漫畫

610.9　　　　　　　　　　111003599

ISBN 978-626-335-180-6
Printed in Taiwan